CAZAQUE

VOCABULÁRIO

PALAVRAS MAIS ÚTEIS

PORTUGUÊS
CAZAQUE

Para alargar o seu léxico e apurar
as suas competências linguísticas

7000 palavras

Vocabulário Português-Cazaque - 7000 palavras

Por Andrey Taranov

Os vocabulários da T&P Books destinam-se a ajudar a aprender, a memorizar, e a rever palavras estrangeiras. O dicionário é dividido em temas, cobrindo todas as principais esferas de atividades quotidianas, negócios, ciência, cultura, etc.

O processo de aprendizagem, utilizando os dicionários baseados em temáticas da T&P Books dá-lhe as seguintes vantagens:

- Informação de origem corretamente agrupada predetermina o sucesso em fases subsequentes da memorização de palavras
- Disponibilização de palavras derivadas da mesma raiz, o que permite a memorização de unidades de texto (em vez de palavras separadas)
- Pequenas unidades de palavras facilitam o processo de estabelecimento de vínculos associativos necessários para a consolidação do vocabulário
- O nível de conhecimento da língua pode ser estimado pelo número de palavras aprendidas

T&P Books Publishing
www.tpbooks.com

ISBN: 978-1-78400-887-1

Este livro também está disponível em formato E-book.
Por favor visite www.tpbooks.com ou as principais livrarias on-line.

VOCABULÁRIO CAZAQUE
palavras mais úteis

Os vocabulários da T&P Books destinam-se a ajudar a aprender, a memorizar, e a rever palavras estrangeiras. O vocabulário contém mais de 7000 palavras de uso comum organizadas tematicamente.

O vocabulário contém as palavras mais comummente usadas
Recomendado como adicional para qualquer curso de línguas
Satisfaz as necessidades dos iniciados e dos alunos avançados de línguas estrangeiras
Conveniente para o uso diário, sessões de revisão e atividades de auto-teste
Permite avaliar o seu vocabulário

Características especias do vocabulário

· As palavras estão organizadas de acordo com o seu significado, e não por ordem alfabética
· As palavras são apresentadas em três colunas para facilitar os processos de revisão e auto-teste
· As palavras compostas são divididas em pequenos blocos para facilitar o processo de aprendizagem
· O vocabulário oferece uma transcrição simples e adequada de cada palavra estrangeira

O vocabulário contém 198 tópicos incluindo:

Conceitos básicos, Números, Cores, Meses, Estações do ano, Unidades de medida, Roupas & Acessórios, Alimentos & Nutrição, Restaurante, Membros da Família, Parentes, Caráter, Sentimentos, Emoções, Doenças, Cidade, Passeios, Compras, Dinheiro, Casa, Lar, Escritório, Trabalho no Escritório, Importação & Exportação, Marketing, Pesquisa de Emprego, Desportos, Educação, Computador, Internet, Ferramentas, Natureza, Países, Nacionalidades e muito mais ...

TABELA DE CONTEÚDOS

Guia de pronunciação   10
Abreviaturas   12

CONCEITOS BÁSICOS   13
Conceitos básicos. Parte 1   13

1. Pronomes   13
2. Cumprimentos. Saudações. Despedidas   13
3. Números cardinais. Parte 1   14
4. Números cardinais. Parte 2   15
5. Números. Frações   15
6. Números. Operações básicas   16
7. Números. Diversos   16
8. Os verbos mais importantes. Parte 1   17
9. Os verbos mais importantes. Parte 2   17
10. Os verbos mais importantes. Parte 3   18
11. Os verbos mais importantes. Parte 4   19
12. Cores   20
13. Questões   21
14. Palavras funcionais. Advérbios. Parte 1   21
15. Palavras funcionais. Advérbios. Parte 2   23

Conceitos básicos. Parte 2   25

16. Opostos   25
17. Dias da semana   27
18. Horas. Dia e noite   27
19. Meses. Estações   28
20. Tempo. Diversos   29
21. Linhas e formas   30
22. Unidades de medida   31
23. Recipientes   32
24. Materiais   33
25. Metais   34

O SER HUMANO   35
O ser humano. O corpo   35

26. Humanos. Conceitos básicos   35
27. Anatomia humana   35

28. Cabeça   36
29. Corpo humano   37

Vestuário & Acessórios   38

30. Roupa exterior. Casacos   38
31. Vestuário de homem & mulher   38
32. Vestuário. Roupa interior   39
33. Adereços de cabeça   39
34. Calçado   39
35. Têxtil. Tecidos   40
36. Acessórios pessoais   40
37. Vestuário. Diversos   41
38. Cuidados pessoais. Cosméticos   41
39. Joalheria   42
40. Relógios de pulso. Relógios   43

Alimentação. Nutrição   44

41. Comida   44
42. Bebidas   45
43. Vegetais   46
44. Frutos. Nozes   47
45. Pão. Bolaria   48
46. Pratos cozinhados   48
47. Especiarias   49
48. Refeições   50
49. Por a mesa   51
50. Restaurante   51

Família, parentes e amigos   52

51. Informação pessoal. Formulários   52
52. Membros da família. Parentes   52
53. Amigos. Colegas de trabalho   53
54. Homem. Mulher   54
55. Idade   54
56. Crianças   55
57. Casais. Vida de família   55

Caráter. Sentimentos. Emoções   57

58. Sentimentos. Emoções   57
59. Caráter. Personalidade   58
60. O sono. Sonhos   59
61. Humor. Riso. Alegria   60
62. Discussão, conversação. Parte 1   60
63. Discussão, conversação. Parte 2   61
64. Discussão, conversação. Parte 3   63
65. Acordo. Recusa   63
66. Sucesso. Boa sorte. Insucesso   64
67. Conflitos. Emoções negativas   64

Medicina 67

68. Doenças 67
69. Sintomas. Tratamentos. Parte 1 68
70. Sintomas. Tratamentos. Parte 2 69
71. Sintomas. Tratamentos. Parte 3 70
72. Médicos 71
73. Medicina. Drogas. Acessórios 71
74. Fumar. Produtos tabágicos 72

HABITAT HUMANO 73
Cidade 73

75. Cidade. Vida na cidade 73
76. Instituições urbanas 74
77. Transportes urbanos 75
78. Turismo 76
79. Compras 77
80. Dinheiro 78
81. Correios. Serviço postal 79

Moradia. Casa. Lar 80

82. Casa. Habitação 80
83. Casa. Entrada. Elevador 81
84. Casa. Portas. Fechaduras 81
85. Casa de campo 82
86. Castelo. Palácio 82
87. Apartamento 82
88. Apartamento. Limpeza 83
89. Mobiliário. Interior 83
90. Quarto de dormir 84
91. Cozinha 84
92. Casa de banho 85
93. Eletrodomésticos 86
94. Reparações. Renovação 87
95. Canalizações 87
96. Fogo. Deflagração 88

ATIVIDADES HUMANAS 90
Emprego. Negócios. Parte 1 90

97. Banca 90
98. Telefone. Conversação telefónica 91
99. Telefone móvel 91
100. Estacionário 92

Emprego. Negócios. Parte 2 93

101. Media 93
102. Agricultura 94

103. Construção. Processo de construção   95

Profissões e ocupações   97

104. Procura de emprego. Demissão   97
105. Gente de negócios   97
106. Profissões de serviços   98
107. Profissões militares e postos   99
108. Oficiais. Padres   100
109. Profissões agrícolas   100
110. Profissões artísticas   101
111. Várias profissões   101
112. Ocupações. Estatuto social   103

Desportos   104

113. Tipos de desportos. Desportistas   104
114. Tipos de desportos. Diversos   105
115. Ginásio   105
116. Desportos. Diversos   106

Educação   108

117. Escola   108
118. Colégio. Universidade   109
119. Ciências. Disciplinas   110
120. Sistema de escrita. Ortografia   110
121. Línguas estrangeiras   111
122. Personagens de contos de fadas   112
123. Signos do Zodíaco   113

Artes   114

124. Teatro   114
125. Cinema   115
126. Pintura   116
127. Literatura & Poesia   117
128. Circo   117
129. Música. Música popular   118

Descanso. Entretenimento. Viagens   120

130. Viagens   120
131. Hotel   120
132. Livros. Leitura   121
133. Caça. Pesca   123
134. Jogos. Bilhar   124
135. Jogos. Jogar cartas   124
136. Descanso. Jogos. Diversos   124
137. Fotografia   125
138. Praia. Natação   126

EQUIPAMENTO TÉCNICO. TRANSPORTES 127
Equipamento técnico. Transportes 127

139. Computador 127
140. Internet. E-mail 128

Transportes 130

141. Avião 130
142. Comboio 131
143. Barco 132
144. Aeroporto 133
145. Bicicleta. Motocicleta 134

Carros 135

146. Tipos de carros 135
147. Carros. Carroçaria 135
148. Carros. Habitáculo 136
149. Carros. Motor 137
150. Carros. Batidas. Reparação 138
151. Carros. Estrada 139

PESSOAS. EVENTOS 141
Eventos 141

152. Férias. Evento 141
153. Funerais. Enterro 142
154. Guerra. Soldados 142
155. Guerra. Ações militares. Parte 1 143
156. Armas 145
157. Povos da antiguidade 146
158. Idade média 147
159. Líder. Chefe. Autoridades 148
160. Viloação da lei. Criminosos. Parte 1 149
161. Viloação da lei. Criminosos. Parte 2 150
162. Polícia. Lei. Parte 1 152
163. Polícia. Lei. Parte 2 153

NATUREZA 155
A Terra. Parte 1 155

164. Espaço sideral 155
165. A Terra 156
166. Pontos cardeais 157
167. Mar. Oceano 157
168. Montanhas 158
169. Rios 159
170. Floresta 160
171. Recursos naturais 161

A Terra. Parte 2   162

172. Tempo   162
173. Tempo extremo. Catástrofes naturais   163

Fauna   164

174. Mamíferos. Predadores   164
175. Animais selvagens   164
176. Animais domésticos   165
177. Cães. Raças de cães   166
178. Sons produzidos pelos animais   167
179. Pássaros   167
180. Pássaros. Canto e sons   168
181. Peixes. Animais marinhos   169
182. Amfíbios. Répteis   170
183. Insetos   170
184. Animais. Partes do corpo   171
185. Animais. Habitats   171

Flora   173

186. Árvores   173
187. Arbustos   173
188. Cogumelos   174
189. Frutos. Bagas   174
190. Flores. Plantas   175
191. Cereais, grãos   176

GEOGRAFIA REGIONAL   177
Países. Nacionalidades   177

192. Política. Governo. Parte 1   177
193. Política. Governo. Parte 2   178
194. Países. Diversos   179
195. Grupos religiosos mais importantes. Confissões   180
196. Religiões. Padres   181
197. Fé. Cristianismo. Islão   181

TEMAS DIVERSOS   184

198. Várias palavras úteis   184

GUIA DE PRONUNCIAÇÃO

Alfabeto fonético T&P	Exemplo Cazaque	Exemplo Português
[a]	танауы [tanawi]	chamar
[e]	лейтенант [lejtenant]	metal
[ɛ]	экран [ɛkran]	mesquita
[i]	сөндіру [søndiru]	sinónimo
[ı]	принцип [prıntsıp]	sinónimo
[ɨ]	айқындық [ajqɨndɨq]	sinónimo
[o]	жолбарыс [ʒolbaris]	lobo
[u]	қуыру [quiru]	bonita
[ʉ]	жүгөрі [ʒugorı]	nacional
[ʊ]	қаламұш [qalamʊʃ]	bonita
[ø]	актөр [aktør]	orgulhoso
[æ]	әзірлеу [æzirleu]	semana
[ju]	сарғаю [sarɣaju]	nacional
[ja]	саяхат [sajahat]	Himalaias
[b]	баяндау [bajandau]	barril
[d]	құндыз [qʊndiz]	dentista
[dʒ]	джинсы [dʒınsi]	adjetivo
[f]	ферма [ferma]	safári
[g]	үлгіші [ʉlgiʃi]	gosto
[ɣ]	жағдай [ʒaɣdaj]	agora
[ʒ]	қажетті [qaʒetti]	talvez
[j]	өгей ана [øgej ana]	géiser
[h]	халық [haliq]	[h] aspirada
[k]	кілегей [kilegej]	kiwi
[l]	либерал [lıberal]	libra
[m]	көмектесу [kømektesu]	magnólia
[n]	неміс [nemis]	natureza
[ŋ]	қаңтар [qaŋtar]	alcançar
[p]	пайдалы [pajdali]	presente
[q]	қақпақ [qaqpaq]	teckel
[r]	реттелім [rettelim]	riscar
[s]	саңырау [saŋirau]	sanita
[ʃ]	сиқыршы [sıqirʃi]	mês
[ɕ]	тұщы [tʊɕi]	shiatsu
[t]	тақтайша [taqtajʃa]	tulipa
[ts]	инфляция [ınfljatsija]	tsé-tsé
[tʃ]	чемпион [tʃempiɔn]	Tchau!
[v]	вольт [volʲt]	fava

Alfabeto fonético T&P	Exemplo Cazaque	Exemplo Português
[z]	заңгер [zaŋger]	sésamo
[w]	бауыр [bawïr]	bonita
[ʲ]	компьютер [kɔmpʲuter]	sinal suave

ABREVIATURAS
usadas no vocabulário

Abreviaturas do Português

adj	-	adjetivo
adv	-	advérbio
anim.	-	animado
conj.	-	conjunção
desp.	-	desporto
etc.	-	etecetra
ex.	-	por exemplo
f	-	nome feminino
f pl	-	feminino plural
fem.	-	feminino
inanim.	-	inanimado
m	-	nome masculino
m pl	-	masculino plural
m, f	-	masculino, feminino
masc.	-	masculino
mat.	-	matemática
mil.	-	militar
pl	-	plural
prep.	-	preposição
pron.	-	pronome
sb.	-	sobre
sing.	-	singular
v aux	-	verbo auxiliar
vi	-	verbo intransitivo
vi, vt	-	verbo intransitivo, transitivo
vr	-	verbo reflexivo
vt	-	verbo transitivo

CONCEITOS BÁSICOS

Conceitos básicos. Parte 1

1. Pronomes

eu	мен	[men]
tu	сен	[sen]
ele, ela	ол	[ol]
nós	біз	[biz]
vocês	сендер	[sender]
eles, elas	олар	[olar]

2. Cumprimentos. Saudações. Despedidas

Olá!	Сәлем!	[sælem]
Bom dia! (formal)	Сәлеметсіз бе?	[sælemetsiz be]
Bom dia! (de manhã)	Қайырлы таң!	[qajirli taŋ]
Boa tarde!	Қайырлы күн!	[qajirli kʉn]
Boa noite!	Қайырлы кеш!	[qajirli keʃ]
cumprimentar (vt)	сәлемдесу	[sælemdesu]
Olá!	Сәлем!	[sælem]
saudação (f)	сәлем	[sælem]
saudar (vt)	амандасу	[amandasu]
Como vai?	Қалыңыз қалай?	[qaliŋiz qalaj]
Como vais?	Қалың қалай?	[qaliŋ qalaj]
O que há de novo?	Не жаңалық бар?	[ne ʒaŋaliq bar]
Adeus! (formal)	Сау болыңыз!	[sau boliŋiz]
Até à vista! (informal)	Сау бол!	[sau bol]
Até breve!	Келесі кездескенше!	[kelesi kezdeskenʃæ]
Adeus! (sing.)	Қош!	[qoʃ]
Adeus! (pl)	Сау болыңыз!	[sau boliŋiz]
despedir-se (vr)	қоштасу	[qoʃtasu]
Até logo!	Әзір!	[æzir]
Obrigado! -a!	Рахмет!	[rahmet]
Muito obrigado! -a!	Үлкен рахмет!	[ʉlken rahmet]
De nada	Мархабат	[marhabat]
Não tem de quê	Мархабат түк емес	[marhabat tʉk emes]
De nada	Түк емес	[tʉk emes]
Desculpa!	Кешір!	[keʃir]
Desculpe!	Кешіріңіз!	[keʃiriŋiz]
desculpar (vt)	кешіру	[keʃiru]

desculpar-se (vr)	кешірім сұрау	[keʃirim surau]
As minhas desculpas	Кешірім сұраймын	[keʃirim surajmin]
Desculpe!	Кешіріңіз!	[keʃiriŋiz]
perdoar (vt)	кешіру	[keʃiru]
Não faz mal	Оқасы жоқ	[oqasi ʒoq]
por favor	өтінемін	[øtinemin]

Não se esqueça!	Ұмытпаңызшы!	[umitpaŋizʃi]
Certamente! Claro!	Әрине!	[ærɪne]
Claro que não!	Әрине жоқ!	[ærɪne ʒoq]
Está bem! De acordo!	Келісемін!	[kelisemin]
Basta!	Болды!	[boldi]

3. Números cardinais. Parte 1

zero	нөл	[nøl]
um	бір	[bir]
dois	екі	[eki]
três	үш	[uʃ]
quatro	төрт	[tørt]

cinco	бес	[bes]
seis	алты	[alti]
sete	жеті	[ʒeti]
oito	сегіз	[segiz]
nove	тоғыз	[toɣiz]

dez	он	[on]
onze	он бір	[on bir]
doze	он екі	[on eki]
treze	он үш	[on uʃ]
catorze	он төрт	[on tørt]

quinze	он бес	[on bes]
dezasseis	он алты	[on alti]
dezassete	он жеті	[on ʒeti]
dezoito	он сегіз	[on segiz]
dezanove	он тоғыз	[on toɣiz]

vinte	жиырма	[ʒɪirma]
vinte e um	жиырма бір	[ʒɪirma bir]
vinte e dois	жиырма екі	[ʒɪirma eki]
vinte e três	жиырма үш	[ʒɪirma uʃ]

trinta	отыз	[otiz]
trinta e um	отыз бір	[otiz bir]
trinta e dois	отыз екі	[otiz eki]
trinta e três	отыз үш	[otiz uʃ]

quarenta	қырық	[qiriq]
quarenta e um	қырық бір	[qiriq bir]
quarenta e dois	қырық екі	[qiriq eki]
quarenta e três	қырық үш	[qiriq uʃ]
cinquenta	елу	[elu]

cinquenta e um	елу бір	[elu bir]
cinquenta e dois	елу екі	[elu eki]
cinquenta e três	елу үш	[elu uʃ]

sessenta	алпыс	[alpis]
sessenta e um	алпыс бір	[alpis bir]
sessenta e dois	алпыс екі	[alpis eki]
sessenta e três	алпыс үш	[alpis uʃ]

setenta	жетпіс	[ʒetpis]
setenta e um	жетпіс бір	[ʒetpis bir]
setenta e dois	жетпіс екі	[ʒetpis eki]
setenta e três	жетпіс үш	[ʒetpis uʃ]

oitenta	сексен	[seksen]
oitenta e um	сексен бір	[seksen bir]
oitenta e dois	сексен екі	[seksen eki]
oitenta e três	сексен үш	[seksen uʃ]

noventa	тоқсан	[toqsan]
noventa e um	тоқсан бір	[toqsan bir]
noventa e dois	тоқсан екі	[toqsan eki]
noventa e três	тоқсан үш	[toqsan uʃ]

4. Números cardinais. Parte 2

cem	жүз	[ʒuz]
duzentos	екі жүз	[eki ʒuz]
trezentos	үш жүз	[uʃ ʒuz]
quatrocentos	төрт жүз	[tørt ʒuz]
quinhentos	бес жүз	[bes ʒuz]

seiscentos	алты жүз	[alti ʒuz]
setecentos	жеті жүз	[ʒeti ʒuz]
oitocentos	сегіз жүз	[segiz ʒuz]
novecentos	тоғыз жүз	[toɣiz ʒuz]

mil	мың	[miŋ]
dois mil	екі мың	[eki miŋ]
De quem são ...?	үш мың	[uʃ miŋ]
dez mil	он мың	[on miŋ]
cem mil	жүз мың	[ʒuz miŋ]
um milhão	миллион	[mɪllɪon]
mil milhões	миллиард	[mɪllɪard]

5. Números. Frações

fração (f)	бөлшек	[bølʃæk]
um meio	екіден бір	[ekiden bir]
um terço	үштен бір	[uʃten bir]
um quarto	төрттен бір	[tørtten bir]
um oitavo	сегізден бір	[segizden bir]

15

um décimo	оннан бір	[onan bir]
dois terços	үштен екі	[ʉʃten eki]
três quartos	төрттен үш	[tørtten ʉʃ]

6. Números. Operações básicas

subtração (f)	азайту	[azajtu]
subtrair (vi, vt)	алу	[alu]
divisão (f)	бөлү	[bølʉ]
dividir (vt)	бөлү	[bølʉ]

adição (f)	қосу	[qosu]
somar (vt)	қосу	[qosu]
adicionar (vt)	қосу	[qosu]
multiplicação (f)	көбейту	[købejtu]
multiplicar (vt)	көбейту	[købejtu]

7. Números. Diversos

algarismo, dígito (m)	сан	[san]
número (m)	сан	[san]
numeral (m)	сан есім	[san esim]
menos (m)	алу белгісі	[alu belgisi]

| mais (m) | қосу белгісі | [qosu belgisi] |
| fórmula (f) | формула | [formula] |

| cálculo (m) | есептеп шығару | [eseptep ʃiɣaru] |
| contar (vt) | санау | [sanau] |

| calcular (vt) | есептеу | [esepteu] |
| comparar (vt) | салыстыру | [salistiru] |

| Quanto? | Неше? | [neʃæ] |
| Quantos? -as? | Қанша? | [qanʃa] |

soma (f)	қосынды	[qosindi]
resultado (m)	қорытынды	[qoritindi]
resto (m)	қалдық	[qaldiq]

alguns, algumas ...	бірнеше	[birneʃæ]
um pouco de ...	көп емес ...	[køp emes]
resto (m)	қалғаны	[qalɣani]

| um e meio | бір жарым | [bir ʒarim] |
| dúzia (f) | дожна | [doʒna] |

| ao meio | қақ бөліп | [qaq bølip] |
| em partes iguais | бірдей бөлү | [birdej bølʉ] |

| metade (f) | жарты | [ʒarti] |
| vez (f) | рет | [ret] |

8. Os verbos mais importantes. Parte 1

abrir (vt)	ашу	[aʃu]
acabar, terminar (vt)	бітіру	[bitiru]
aconselhar (vt)	кеңес беру	[keŋes beru]
adivinhar (vt)	шешу	[ʃæʃu]
advertir (vt)	ескерту	[eskertu]
ajudar (vt)	көмектесу	[kømektesu]
almoçar (vi)	түскі тамақ жеу	[tʉskі tamaq ʒeu]
alugar (~ um apartamento)	жалға алу	[ʒalɣa alu]
amar (vt)	жақсы көру	[ʒaqsі køru]
ameaçar (vt)	қорқыту	[qorqіtu]
anotar (escrever)	жазу	[ʒazu]
apressar-se (vr)	асығу	[asіɣu]
arrepender-se (vr)	өкіну	[økіnu]
assinar (vt)	қол қою	[qol qoju]
atirar, disparar (vi)	ату	[atu]
brincar (vi)	әзілдеу	[æzіldeu]
brincar, jogar (crianças)	ойнау	[ojnau]
buscar (vt)	іздеу	[izdeu]
caçar (vi)	аулау	[aulau]
cair (vi)	құлау	[qʊlau]
cavar (vt)	қазу	[qazu]
cessar (vt)	доғару	[doɣaru]
chamar (~ por socorro)	жәрдемге шақыру	[ʒærdemge ʃaqіru]
chegar (vi)	келу	[kelu]
chorar (vi)	жылау	[ʒіlau]
começar (vt)	бастау	[bastau]
comparar (vt)	салыстыру	[salіstіru]
compreender (vt)	түсіну	[tʉsіnu]
concordar (vi)	көну	[kønu]
confiar (vt)	сену	[senu]
confundir (equivocar-se)	қателесу	[qatelesu]
conhecer (vt)	білу	[bilu]
contar (fazer contas)	санау	[sanau]
contar com (esperar)	үміт арту ...	[ʉmit artu]
continuar (vt)	жалғастыру	[ʒalɣastіru]
controlar (vt)	бақылау	[baqіlau]
convidar (vt)	шақыру	[ʃaqіru]
correr (vi)	жүгіру	[ʒʉgiru]
criar (vt)	құру	[qʊru]
custar (vt)	тұру	[tʊru]

9. Os verbos mais importantes. Parte 2

dar (vt)	беру	[beru]
dar uma dica	тұспалдау	[tʊspaldau]

decorar (enfeitar)	әсемдеу	[æsemdeu]
defender (vt)	қорғау	[qorɣau]
deixar cair (vt)	түсіру	[tʉsiru]

descer (para baixo)	түсу	[tʉsu]
desculpar (vt)	кешіру	[keʃiru]
desculpar-se (vr)	кешірім сұрау	[keʃirim surau]
dirigir (~ uma empresa)	басқару	[basqaru]
discutir (notícias, etc.)	талқылау	[talqilau]
dizer (vt)	айту	[ajtu]

duvidar (vt)	шүбәлану	[ʃʉbælanu]
encontrar (achar)	табу	[tabu]
enganar (vt)	алдау	[aldau]
entrar (na sala, etc.)	кіру	[kiru]
enviar (uma carta)	жөнелту	[ʒøneltu]

errar (equivocar-se)	қателесу	[qatelesu]
escolher (vt)	таңдау	[taŋdau]
esconder (vt)	жасыру	[ʒasiru]
escrever (vt)	жазу	[ʒazu]
esperar (o autocarro, etc.)	тосу	[tosu]

esperar (ter esperança)	үміттену	[ʉmittenu]
esquecer (vt)	ұмыту	[umitu]
estudar (vt)	зерттеу	[zertteu]
exigir (vt)	талап ету	[talap etu]
existir (vi)	тіршілік ету	[tirʃilik etu]

explicar (vt)	түсіндіру	[tʉsindiru]
falar (vi)	сөйлесу	[søjlesu]
faltar (clases, etc.)	өткізу	[øtkizu]
fazer (vt)	жасау	[ʒasau]
ficar em silêncio	үндемеу	[ʉndemeu]
gabar-se, jactar-se (vr)	мақтану	[maqtanu]

gostar (apreciar)	ұнау	[unau]
gritar (vi)	айғайлау	[ajɣajlau]
guardar (cartas, etc.)	сақтау	[saqtau]
informar (vt)	мәлімдеу	[mælimdeu]
insistir (vi)	кеуделеу	[keudeleu]

insultar (vt)	қорлау	[qorlau]
interessar-se (vr)	көңіл қою	[køŋil qoju]
ir (a pé)	жүру	[ʒʉru]
ir nadar	шомылу	[ʃomilu]
jantar (vi)	кешкі тамақ ішу	[keʃki tamaq iʃu]

10. Os verbos mais importantes. Parte 3

ler (vt)	оқу	[oqu]
libertar (cidade, etc.)	босату	[bosatu]
matar (vt)	өлтіру	[øltiru]
mencionar (vt)	атау	[atau]

mostrar (vt)	көрсету	[kørsetu]
mudar (modificar)	өзгерту	[øzgertu]
nadar (vi)	жүзу	[ʒʉzu]
negar-se a ...	бас тарту	[bas tartu]
objetar (vt)	қарсы айту	[qarsɨ ajtu]

observar (vt)	бақылау	[baqɨlau]
ordenar (mil.)	бұйыру	[bujɨru]
ouvir (vt)	есту	[estu]
pagar (vt)	төлеу	[tøleu]
parar (vi)	тоқтау	[toqtau]

participar (vi)	қатысу	[qatɨsu]
pedir (comida)	жасату	[ʒasatu]
pedir (um favor, etc.)	сұрау	[sʊrau]
pegar (tomar)	алу	[alu]
pensar (vt)	ойлану	[ojlanu]

perceber (ver)	байқап қалу	[bajqap qalu]
perdoar (vt)	кешіру	[keʃiru]
perguntar (vt)	сұрау	[sʊrau]
permitir (vt)	рұқсат ету	[rʊqsat etu]
pertencer a ...	меншігі болу	[menʃigi bolu]

planear (vt)	жоспарлау	[ʒosparlau]
poder (vi)	істей алу	[istej alu]
possuir (vt)	ие болу	[ɪe bolu]
preferir (vt)	артық көру	[artiq køru]
preparar (vt)	әзірлеу	[æzirleu]

prever (vt)	алдағыны болжап білу	[aldaɣɨnɨ bolʒap bilu]
prometer (vt)	уәде беру	[wæde beru]
pronunciar (vt)	айту	[ajtu]
propor (vt)	ұсыну	[ʊsɨnu]
punir (castigar)	жазалау	[ʒazalau]

11. Os verbos mais importantes. Parte 4

queixar-se (vr)	арыздану	[arɨzdanu]
querer (desejar)	тілеу	[tileu]
recomendar (vt)	кеңес беру	[keŋes beru]
repetir (dizer outra vez)	қайталау	[qajtalau]

repreender (vt)	ұрсу	[ʊrsu]
reservar (~ um quarto)	кейінге сақтау	[kejinge saqtau]
responder (vt)	жауап беру	[ʒawap beru]
rezar, orar (vi)	сиыну	[sɨɪnu]
rir (vi)	күлу	[kʉlu]

roubar (vt)	ұрлау	[ʊrlau]
saber (vt)	білу	[bilu]
sair (~ de casa)	шығу	[ʃɨɣu]
salvar (vt)	құтқару	[qʊtqaru]
seguir ...	артынан еру	[artɨnan eru]

19

sentar-se (vr)	отыру	[otïru]
ser necessário	керек болу	[kerek bolu]
ser, estar	болу	[bolu]
significar (vt)	білдіру	[bilʲdiru]

sorrir (vi)	күлімдеу	[kʉlimdeu]
subestimar (vt)	бағаламау	[baɣalamau]
surpreender-se (vr)	таңдану	[taŋdanu]
tentar (vt)	байқап көру	[bajqap køru]

ter (vt)	өзінде бар болу	[øzinde bar bolu]
ter fome	жегісі келу	[ʒegisi kelu]
ter medo	қорқу	[qorqu]
ter sede	шөлдеу	[ʃøldeu]

tocar (com as mãos)	қозғау	[qozɣau]
tomar o pequeno-almoço	ертеңгі тамақты ішу	[erteŋgi tamaqtï iʃu]
trabalhar (vi)	жұмыс істеу	[ʒumïs isteu]
traduzir (vt)	аудару	[audaru]
unir (vt)	біріктіру	[biriktirʉ]

vender (vt)	сату	[satu]
ver (vt)	көру	[køru]
virar (ex. ~ à direita)	бұру	[buru]
voar (vi)	ұшу	[ʊʃu]

12. Cores

cor (f)	түс	[tʉs]
matiz (m)	түс	[tʉs]
tom (m)	түс	[tʉs]
arco-íris (m)	кемпір қосақ	[kempir qosaq]

branco	ақ	[aq]
preto	қара	[qara]
cinzento	сұр	[sʊr]

verde	жасыл	[ʒasïl]
amarelo	сары	[sarï]
vermelho	қызыл	[qïzïl]

azul	көк	[køk]
azul claro	көгілдір	[køgildir]
rosa	қызғылт	[qïzɣïlt]
laranja	сарғылт	[sarɣïlt]
violeta	күлгін	[kʉlgin]
castanho	қоңыр	[qoŋïr]

dourado	алтын	[altïn]
prateado	күміс түсті	[kʉmis tʉsti]

bege	ақшыл сары	[aqʃïl sarï]
creme	ақшыл сары	[aqʃïl sarï]
turquesa	көк	[køk]

vermelho cereja	шие түсті	[ʃie tʉsti]
lilás	ақшыл көк	[aqʃil køk]
carmesim	қызыл күрең	[qizil kʉreŋ]

claro	ашық	[aʃiq]
escuro	қоныр	[qonir]
vivo	айқын	[ajqin]

de cor	түрлі-түсті	[tʉrli tʉsti]
a cores	түрлі-түсті	[tʉrli tʉsti]
preto e branco	қара-ала	[qara ala]
unicolor	бір түсті	[bir tʉsti]
multicor	алабажақ	[alabaʒaq]

13. Questões

Quem?	Кім?	[kim]
Que?	Не?	[ne]
Onde?	Қайда?	[qajda]
Para onde?	Қайда?	[qajda]
De onde?	Қайдан?	[qajdan]
Quando?	Қашан?	[qaʃan]
Para quê?	Неге?	[nege]
Porquê?	Неге?	[nege]

Para quê?	Не үшін?	[ne ʉʃin]
Como?	Қалай?	[qalaj]
Qual?	Қандай?	[qandaj]
Qual? (entre dois ou mais)	Нешінші?	[neʃinʃi]

A quem?	Кімге?	[kimge]
Sobre quem?	Кім туралы?	[kim turali]
Do quê?	Не жөнінде?	[ne ʒøninde]
Com quem?	Кіммен?	[kimmen]

Quantos? -as?	Қанша?	[qanʃa]
Quanto?	Неше?	[neʃæ]
De quem? (masc.)	Кімнің?	[kimniŋ]

14. Palavras funcionais. Advérbios. Parte 1

Onde?	Қайда?	[qajda]
aqui	осында	[osinda]
lá, ali	онда	[onda]

| em algum lugar | әлдеқайда | [ældeqajda] |
| em lugar nenhum | еш жерде | [eʃ ʒerde] |

ao pé de ...	қасында	[qasinda]
ao pé da janela	терезенің қасында	[terezeniŋ qasinda]
Para onde?	Қайда?	[qajda]
para cá	мұнда	[mʊnda]

para lá	онда	[onda]
daqui	осы жерден	[osï ʒerdeŋ]
de lá, dali	ол жақтан	[ol ʒaqtan]

| perto | жақын | [ʒaqïn] |
| longe | алыс | [alïs] |

perto de ...	қасында	[qasïnda]
ao lado de	жақын	[ʒaqïn]
perto, não fica longe	алыс емес	[alïs emes]

esquerdo	сол	[sol]
à esquerda	сол жақтан	[sol ʒaqtan]
para esquerda	солға	[solɣa]

direito	оң	[oŋ]
à direita	оң жақтан	[oŋ ʒaqtan]
para direita	оңға	[oŋɣa]

à frente	алдынан	[aldïnan]
da frente	алдыңғы	[aldïŋɣi]
em frente (para a frente)	алға	[alɣa]

atrás de ...	артынан	[artïnan]
por detrás (vir ~)	артынан	[artïnan]
para trás	кейін	[kejin]

| meio (m), metade (f) | орта | [orta] |
| no meio | ортасында | [ortasïnda] |

de lado	бір бүйірден	[bir bʉjirden]
em todo lugar	барлық жерде	[barlïq ʒerde]
ao redor (olhar ~)	айнала	[ajnala]

de dentro	іштен	[iʃten]
para algum lugar	әлдеқайда	[ældeqajda]
diretamente	тура	[tura]
de volta	кері	[keri]

| de algum lugar | қайдан болсада | [qajdan bolsada] |
| de um lugar | қайдан болсада | [qajdan bolsada] |

em primeiro lugar	біріншіден	[birinʃiden]
em segundo lugar	екіншіден	[ekinʃiden]
em terceiro lugar	үшіншіден	[ʉʃinʃiden]

de repente	кенет	[kenet]
no início	басында	[basïnda]
pela primeira vez	алғаш	[alɣaʃ]
muito antes de ...	көп бұрын ...	[køp bʉrin]
de novo, novamente	жаңадан	[ʒaŋadan]
para sempre	мәңгі-бақи	[mæŋgi baqï]

nunca	еш уақытта	[eʃ waqïtta]
de novo	тағы	[taɣï]
agora	енді	[endi]

frequentemente	жиі	[ʒıi]
então	сол кезде	[sol kezde]
urgentemente	жедел	[ʒedel]
usualmente	әдетте	[ædette]

a propósito, ...	айтпақшы	[ajtpaqʃi]
é possível	мүмкін	[mumkin]
provavelmente	мүмкін	[mumkin]
talvez	мүмкін	[mumkin]
além disso, ...	одан басқа ...	[odan basqa]
por isso ...	сондықтан	[sondiqtan]
apesar de ...	қарамастан ...	[qaramastan]
graças a ...	арқасында ...	[arqasinda]

que (pron.)	не	[ne]
que (conj.)	не	[ne]
algo	осы	[osi]
alguma coisa	бір нәрсе	[bir nærse]
nada	ештеңе	[eʃteŋe]

quem	кім	[kim]
alguém (~ teve uma ideia ...)	кейбіреу	[kejbireu]
alguém	біреу	[bireu]

ninguém	ешкім	[eʃkim]
para lugar nenhum	ешқайда	[eʃqajda]
de ninguém	ешкімнің	[eʃkimniŋ]
de alguém	біреудің	[bireudiŋ]

tão	солай	[solaj]
também (gostaria ~ de ...)	дәл осындай	[dæl osindaj]
também (~ eu)	да, де	[da], [de]

15. Palavras funcionais. Advérbios. Parte 2

Porquê?	Неге?	[nege]
por alguma razão	неге екені белгісіз	[nege ekeni belgisiz]
porque ...	өйткені ...	[øjtkeni]
por qualquer razão	бірдеңеге	[birdeŋege]

e (tu ~ eu)	және	[ʒæne]
ou (ser ~ não ser)	немесе	[nemese]
mas (porém)	бірақ	[biraq]
para (~ a minha mãe)	үшін	[uʃin]

demasiado, muito	тым	[tɨm]
só, somente	тек қана	[tek qana]
exatamente	дәл	[dæl]
cerca de (~ 10 kg)	жуық	[ʒuiq]

aproximadamente	шамамен	[ʃamamen]
aproximado	шамасында	[ʃamasinda]
quase	дерлік	[derlik]
resto (m)	қалғаны	[qalɣani]

cada	әр	[ær]
qualquer	әрбіреу	[ærbireu]
muito	көп	[køp]
muitas pessoas	көптеген	[køptegen]
todos	бүкіл	[bʉkil]

em troca de ...	айырбастау ...	[ajirbastau]
em troca	орнына	[ornina]
à mão	қолмен	[qolmen]
pouco provável	күдікті	[kʉdikti]

provavelmente	сірә	[siræ]
de propósito	әдейі	[ædeji]
por acidente	кездейсоқ	[kezdejsoq]

muito	өте	[øte]
por exemplo	мысалы	[misali]
entre	арасында	[arasinda]
entre (no meio de)	арасында	[arasinda]
tanto	мұнша	[mʊnʃa]
especialmente	әсіресе	[æsirese]

Conceitos básicos. Parte 2

16. Opostos

rico	бай	[baj]
pobre	кедей	[kedej]
doente	ауру	[auru]
são	дені сау	[deni sau]
grande	үлкен	[ʉlken]
pequeno	кішкентай	[kiʃkentaj]
rapidamente	тез	[tez]
lentamente	ақырын	[aqi̇rin]
rápido	шапшаң	[ʃapʃaŋ]
lento	баяу	[bajau]
alegre	жайдары	[ʒajdari̇]
triste	қайғылы	[qajɣi̇li̇]
juntos	бірге	[birge]
separadamente	жеке	[ʒeke]
em voz alta (ler ~)	дауыстап	[dawistap]
para si (em silêncio)	іштен	[iʃten]
alto	биік	[bɨik]
baixo	төмен	[tømen]
profundo	терең	[tereŋ]
pouco fundo	таяз	[tajaz]
sim	иә	[ɪæ]
não	жоқ	[ʒoq]
distante (no espaço)	алыс	[alis]
próximo	жақын	[ʒaqin]
longe	алысқа	[alisqa]
perto	катар	[katar]
longo	ұзын	[ʊzin]
curto	қысқа	[qisqa]
bom, bondoso	мейірімді	[mejirimdi]
mau	қатал	[qatal]
casado	үйленген	[ʉjlengen]

solteiro	бойдақ	[bojdaq]
proibir (vt)	тыйым салу	[tijim salu]
permitir (vt)	рұқсат беру	[ruqsat beru]
fim (m)	соңы	[soŋi]
começo (m)	басы	[basɨ]
esquerdo	сол	[sol]
direito	оң	[oŋ]
primeiro	бірінші	[birinʃi]
último	ақырғы	[aqɨrɣɨ]
crime (m)	қылмыс	[qɨlmɨs]
castigo (m)	жаза	[ʒaza]
ordenar (vt)	бұйыру	[bujɨru]
obedecer (vt)	иліғу	[ɪligu]
reto	тік	[tik]
curvo	қисық	[qɨsɨq]
paraíso (m)	жұмақ	[ʒʊmaq]
inferno (m)	тозақ	[tozaq]
nascer (vi)	туу	[tuu]
morrer (vi)	қайтыс болу	[qajtɨs bolu]
forte	күшті	[kʉʃti]
fraco, débil	әлсіз	[ælsiz]
idoso	кәрі	[kæri]
jovem	жас	[ʒas]
velho	ескі	[eski]
novo	жаңа	[ʒaŋa]
duro	қатты	[qattɨ]
mole	жұмсақ	[ʒʊmsaq]
tépido	жылы	[ʒɨlɨ]
frio	суық	[suɨq]
gordo	семіз	[semiz]
magro	арық	[arɨq]
estreito	тар	[tar]
largo	кең	[keŋ]
bom	жақсы	[ʒaqsɨ]
mau	жаман	[ʒaman]
valente	қайсар	[qajsar]
cobarde	қорқақ	[qorqaq]

17. Dias da semana

segunda-feira (f)	дүйсенбі	[dujsenbi]
terça-feira (f)	сейсенбі	[sejsenbi]
quarta-feira (f)	сәрсенбі	[særsenbi]
quinta-feira (f)	бейсенбі	[bejsenbi]
sexta-feira (f)	жұма	[ʒʋma]
sábado (m)	сенбі	[senbi]
domingo (m)	жексенбі	[ʒeksenbi]

hoje	бүгін	[bugin]
amanhã	ертең	[erteŋ]
depois de amanhã	бүрсігүні	[bʋrsiguni]
ontem	кеше	[keʃæ]
anteontem	алдыңғы күні	[aldiŋɣɨ kʋni]

dia (m)	күн	[kʋn]
dia (m) de trabalho	жұмыс күні	[ʒʋmis kʋni]
feriado (m)	мерекелік күн	[merekelik kʋn]
dia (m) de folga	демалыс күні	[demalis kʋni]
fim (m) de semana	демалыс	[demalis]

o dia todo	күні бойы	[kʋni bojɨ]
no dia seguinte	ертесіне	[ertesine]
há dois dias	екі күн кері	[eki kʋn keri]
na véspera	қарсаңында	[qarsaŋinda]
diário	күнделікті	[kʋndelikti]
todos os dias	күнбе-күн	[kʋnbe kun]

semana (f)	апта	[apta]
na semana passada	өткен жұмада	[øtken ʒʋmada]
na próxima semana	келесі жұмада	[kelesi ʒʋmada]
semanal	апталық	[aptaliq]
cada semana	апта сайын	[apta sajin]
duas vezes por semana	жұмада екі рет	[ʒʋmada eki ret]
cada terça-feira	сейсенбі сайын	[sejsenbi sajin]

18. Horas. Dia e noite

manhã (f)	таң	[taŋ]
de manhã	таңертеңгілік	[taŋerteŋgilik]
meio-dia (m)	тал түс	[tal tʋs]
à tarde	түстен кейін	[tʋsten kejin]

noite (f)	кеш	[keʃ]
à noite (noitinha)	кешке	[keʃke]
noite (f)	түн	[tʋn]
à noite	түнде	[tʋnde]
meia-noite (f)	түн жарымы	[tʋn ʒarimɨ]

segundo (m)	секунд	[sekund]
minuto (m)	минут	[mɪnut]
hora (f)	сағат	[saɣat]

meia hora (f)	жарты сағат	[ʒarti saɣat]
quarto (m) de hora	он бес минут	[on bes mɪnut]
quinze minutos	он бес минут	[on bes mɪnut]
vinte e quatro horas	тәулік	[tæulik]

nascer (m) do sol	күннің шығуы	[kɵniŋ ʃiɣuɨ]
amanhecer (m)	таң ату	[taŋ atu]
madrugada (f)	азан	[azan]
pôr do sol (m)	күннің батуы	[kɵniŋ batuɨ]

de madrugada	таңертең	[taŋerteŋ]
hoje de manhã	бүгін ертеңмен	[bɵgin erteŋmen]
amanhã de manhã	ертең ертеңгісін	[erteŋ erteŋgisin]

hoje à tarde	бүгін күндіз	[bɵgin kɵndiz]
à tarde	түстен кейін	[tɵsten kejin]
amanhã à tarde	ертең түстен кейін	[erteŋ tɵsten kejin]

| hoje à noite | бүгін кешке | [bɵgin keʃke] |
| amanhã à noite | ертең кешке | [erteŋ keʃke] |

às três horas em ponto	сағат дәл үште	[saɣat dæl ɵʃte]
por volta das quatro	сағат төртке қарай	[saɣat tørtke qaraj]
às doze	сағат он екіге қарай	[saɣat on ekige qaraj]

dentro de vinte minutos	жиырма минуттан соң	[ʒiɨrma mɪnuttan soŋ]
dentro duma hora	бір сағаттан соң	[bir saɣattan soŋ]
a tempo	дәл кезінде	[dæl kezinde]

menos um quarto	он бес минутсыз	[on bes mɪnutsiz]
durante uma hora	сағат бойында	[saɣat bojinda]
a cada quinze minutos	әр он бес минут сайын	[ær on bes mɪnut sajin]
as vinte e quatro horas	тәулік бойы	[tæulik boji]

19. Meses. Estações

janeiro (m)	қаңтар	[qaŋtar]
fevereiro (m)	ақпан	[aqpan]
março (m)	наурыз	[nauriz]
abril (m)	сәуір	[sæwir]
maio (m)	мамыр	[mamɪr]
junho (m)	маусым	[mausɪm]

julho (m)	шілде	[ʃilde]
agosto (m)	тамыз	[tamɪz]
setembro (m)	қыркүйек	[qirkɵjek]
outubro (m)	қазан	[qazan]
novembro (m)	қараша	[qaraʃa]
dezembro (m)	желтоқсан	[ʒeltoqsan]

primavera (f)	көктем	[køktem]
na primavera	көктемде	[køktemde]
primaveril	көктемгі	[køktemgi]
verão (m)	жаз	[ʒaz]

28

no verão	жазда	[ʒazda]
de verão	жазғы	[ʒazɣi]
outono (m)	күз	[kʉz]
no outono	күзде	[kʉzde]
outonal	күздік	[kʉzdik]
inverno (m)	қыс	[qis]
no inverno	қыста	[qista]
de inverno	қысқы	[qisqi]
mês (m)	ай	[aj]
este mês	осы айда	[osi ajda]
no próximo mês	келесі айда	[kelesi ajda]
no mês passado	өткен айда	[øtken ajda]
há um mês	бір ай кері	[bir aj keri]
dentro de um mês	бір айдан кейін	[bir ajdan kejin]
dentro de dois meses	екі айдан кейін	[eki ajdan kejin]
todo o mês	ай бойы	[aj boji]
um mês inteiro	ай бойы	[aj boji]
mensal	ай сайынғы	[aj sajinɣi]
mensalmente	ай сайын	[aj sajin]
cada mês	әр айда	[ær ajda]
duas vezes por mês	айда екі рет	[ajda eki ret]
ano (m)	жыл	[ʒil]
este ano	биылғы	[biilɣi]
no próximo ano	келесі жылы	[kelesi ʒili]
no ano passado	өткен жылы	[øtken ʒili]
há um ano	алдынғы жылы	[aldinɣi ʒili]
dentro dum ano	бір жылдан кейін	[bir ʒildan kejin]
dentro de 2 anos	екі жылдан кейін	[eki ʒildan kejin]
todo o ano	жыл бойы	[ʒil boji]
um ano inteiro	жыл бойы	[ʒil boji]
cada ano	әр жыл сайын	[ær ʒil sajin]
anual	жыл сайынғы	[ʒil sajinɣi]
anualmente	жыл сайын	[ʒil sajin]
quatro vezes por ano	жылына төрт рет	[ʒilina tørt ret]
data (~ de hoje)	сан	[san]
data (ex. ~ de nascimento)	дата	[data]
calendário (m)	күнтізбе	[kʉntizbe]
meio ano	жарты жыл	[ʒarti ʒil]
seis meses	жарты жылдық	[ʒarti ʒildiq]
estação (f)	маусым	[mausim]
século (m)	ғасыр	[ɣasir]

20. Tempo. Diversos

tempo (m)	уақыт	[waqit]
momento (m)	сәт	[sæt]

instante (m)	кірпік қағыс	[kirpik qaɣis]
instantâneo	көз ілеспейтін	[køz ilespejtin]
lapso (m) de tempo	уақыт бөлігі	[waqit bøligi]
vida (f)	өмір	[ømir]
eternidade (f)	мәңгілік	[mæŋgilik]

época (f)	дәуір	[dæwir]
era (f)	кезең	[kezeŋ]
ciclo (m)	цикл	[tsɪkl]
período (m)	уақыт кезеңінде	[waqit kezeŋinde]
prazo (m)	мерзім	[merzim]

futuro (m)	келешек	[keleʃæk]
futuro	келешек	[keleʃæk]
da próxima vez	келесі жолы	[kelesi ʒoli]
passado (m)	өткен	[øtken]
passado	болған	[bolɣan]
na vez passada	өткен жолы	[øtken ʒoli]
mais tarde	кейін	[kejin]
depois	кейін	[kejin]
atualmente	қазір	[qazir]
agora	қазір	[qazir]
imediatamente	дереу	[dereu]
em breve, brevemente	жуық арада	[ʒuiq arada]
de antemão	ертерек	[erterek]

há muito tempo	бұрын	[bʊrin]
há pouco tempo	жақында	[ʒaqinda]
destino (m)	тағдыр	[taɣdir]
recordações (f pl)	ес	[es]
arquivo (m)	мұрағат	[mʊraɣat]
durante ...	... уақытында	[waqitinda]
durante muito tempo	ұзақ	[ʊzaq]
pouco tempo	ұзақ емес	[ʊzaq emes]
cedo (levantar-se ~)	ерте	[erte]
tarde (deitar-se ~)	кеш	[keʃ]

para sempre	мәңгі бақи	[mæŋgi baqı]
começar (vt)	бастау	[bastau]
adiar (vt)	көшіру	[køʃiru]

simultaneamente	біржолы	[birʒoli]
permanentemente	үнемі	[ʉnemi]
constante (ruído, etc.)	тұрақты	[tʊraqti]
temporário	уақытша	[waqitʃa]

às vezes	кейде	[kejde]
raramente	сирек	[sɪrek]
frequentemente	жиі	[ʒıi]

21. Linhas e formas

quadrado (m)	квадрат	[kvadrat]
quadrado	квадрат	[kvadrat]

círculo (m)	дөңгелек	[døŋgelek]
redondo	дөңгелек	[døŋgelek]
triângulo (m)	үшбұрыш	[ʉʃbʊriʃ]
triangular	үш бұрышты	[ʉʃ bʊriʃti]

oval (f)	сопақ	[sopaq]
oval	сопақ	[sopaq]
retângulo (m)	тікбұрыш	[tikbʊriʃ]
retangular	тікбұрышты	[tikbʊriʃti]

pirâmide (f)	пирамида	[pıramıda]
rombo, losango (m)	қиық	[qıiq]
trapézio (m)	трапеция	[trapetsıja]
cubo (m)	текше	[tekʃæ]
prisma (m)	призма	[prızma]

circunferência (f)	дөңгелек	[døŋgelek]
esfera (f)	сфера	[sfera]
globo (m)	шар	[ʃar]
diâmetro (m)	диаметр	[dıametr]
raio (m)	радиус	[radıus]
perímetro (m)	периметр	[perımetr]
centro (m)	орта	[orta]

horizontal	көлденең	[køldeneŋ]
vertical	тік	[tik]
paralela (f)	параллель	[parallelʲ]
paralelo	параллель	[parallelʲ]

linha (f)	сызық	[sizıq]
traço (m)	сызық	[sizıq]
reta (f)	түзу	[tʉzu]
curva (f)	қисық сызық	[qısiq sizıq]
fino (linha ~a)	жіңішке	[ʒiŋiʃke]
contorno (m)	контур	[kontur]

interseção (f)	қиылысу	[qıilisu]
ângulo (m) reto	тік бұрыш	[tik bʊriʃ]
segmento (m)	бунақ	[bunaq]
setor (m)	сектор	[sektor]
lado (de um triângulo, etc.)	жақ	[ʒaq]
ângulo (m)	бұрыш	[bʊriʃ]

22. Unidades de medida

peso (m)	салмақ	[salmaq]
comprimento (m)	ұзындық	[ʊzindiq]
largura (f)	ен	[en]
altura (f)	биіктік	[bıiktik]
profundidade (f)	тереңдік	[tereŋdik]
volume (m)	көлем	[kølem]
área (f)	аумақ	[aumaq]
grama (m)	грамм	[gramm]
miligrama (m)	миллиграм	[mıllıgram]

quilograma (m)	килограмм	[kılogramm]
tonelada (f)	тонна	[tona]
libra (453,6 gramas)	қадақ	[qadaq]
onça (f)	унция	[unʦıja]

metro (m)	метр	[metr]
milímetro (m)	миллиметр	[mıllımetr]
centímetro (m)	сантиметр	[santımetr]
quilómetro (m)	километр	[kılometr]
milha (f)	миля	[mılja]

polegada (f)	дюйм	[djujm]
pé (304,74 mm)	фут	[fut]
jarda (914,383 mm)	ярд	[jard]

| metro (m) quadrado | шаршы метр | [ʃarʃi metr] |
| hectare (m) | гектар | [gektar] |

litro (m)	литр	[lıtr]
grau (m)	градус	[gradus]
volt (m)	вольт	[volʲt]
ampere (m)	ампер	[amper]
cavalo-vapor (m)	ат күші	[at kʉʃı]

quantidade (f)	мөлшері	[mølʃæri]
um pouco de ...	аздап ...	[azdap]
metade (f)	жарты	[ʒarti]
dúzia (f)	дожна	[doʒna]
peça (f)	дана	[dana]

| dimensão (f) | көлем | [kølem] |
| escala (f) | масштаб | [masʃtab] |

mínimo	ең азы	[eŋ azɨ]
menor, mais pequeno	ең кіші	[eŋ kiʃɨ]
médio	орташа	[ortaʃa]
máximo	барынша көп	[barinʃa køp]
maior, mais grande	ең үлкен	[eŋ ʉlken]

23. Recipientes

boião (m) de vidro	банкі	[banki]
lata (~ de cerveja)	банкі	[banki]
balde (m)	шелек	[ʃælek]
barril (m)	бөшке	[bøʃke]

bacia (~ de plástico)	леген	[legen]
tanque (m)	бак	[bak]
cantil (m) de bolso	құты	[qʊti]
bidão (m) de gasolina	канистр	[kanıstr]
cisterna (f)	цистерна	[ʦısterna]

| caneca (f) | сапты аяқ | [sapti ajaq] |
| chávena (f) | шыны аяқ | [ʃinɨ ajaq] |

pires (m)	табақша	[tabaqʃa]
copo (m)	стақан	[staqan]
taça (f) de vinho	бокал	[bokal]
panela, caçarola (f)	кастрөл	[kastrøl]

| garrafa (f) | шөлмек | [ʃølmek] |
| gargalo (m) | ауыз | [awɯz] |

jarro, garrafa (f)	графин	[grafɯn]
jarro (m) de barro	көзе	[køze]
recipiente (m)	ыдыс	[idis]
pote (m)	құмыра	[qʊmira]
vaso (m)	ваза	[vaza]

frasco (~ de perfume)	шиша	[ʃiʃa]
frasquinho (ex. ~ de iodo)	құты	[qʊti]
tubo (~ de pasta dentífrica)	сықпалы сауыт	[siqpali sawit]

saca (ex. ~ de açúcar)	қап	[qap]
saco (~ de plástico)	пакет	[paket]
maço (m)	десте	[deste]

caixa (~ de sapatos, etc.)	қорап	[qorap]
caixa (~ de madeira)	жәшік	[ʒæʃik]
cesta (f)	кәрзеңке	[kærziŋke]

24. Materiais

material (m)	материал	[material]
madeira (f)	ағаш	[aɣaʃ]
de madeira	ағаш	[aɣaʃ]

| vidro (m) | шыны | [ʃini] |
| de vidro | шыны | [ʃini] |

| pedra (f) | тас | [tas] |
| de pedra | тас | [tas] |

| plástico (m) | пластмасса | [plastmassa] |
| de plástico | пластмасса | [plastmassa] |

| borracha (f) | резеңке | [rezeŋke] |
| de borracha | резеңке | [rezeŋke] |

| tecido, pano (m) | мата | [mata] |
| de tecido | матадан | [matadan] |

| papel (m) | қағаз | [qaɣaz] |
| de papel | қағаз | [qaɣaz] |

cartão (m)	картон	[karton]
de cartão	картон	[karton]
polietileno (m)	полиэтилен	[polɪɛtɪlen]
celofane (m)	целлофан	[ʦellofan]

linóleo (m)	линолеум	[lınoleum]
contraplacado (m)	жұқа тақтай	[ʒʊqa taqtaj]
porcelana (f)	кәрлен	[kærlen]
de porcelana	кәрлен	[kærlen]
barro (f)	балшық	[balʃiq]
de barro	балшықты	[balʃiqti]
cerâmica (f)	керамика	[keramıka]
de cerâmica	керамика	[keramıka]

25. Metais

metal (m)	металл	[metal]
metálico	металл	[metal]
liga (f)	қорытпа	[qoritpa]
ouro (m)	алтын	[altin]
de ouro	алтын	[altin]
prata (f)	күміс	[kʉmis]
de prata	күміс	[kʉmis]
ferro (m)	темір	[temir]
de ferro	темір	[temir]
aço (m)	болат	[bolat]
de aço	болат	[bolat]
cobre (m)	мыс	[mis]
de cobre	мыс	[mis]
alumínio (m)	алюминий	[aljumınıj]
de alumínio	алюминді	[aljumındi]
bronze (m)	қола	[qola]
de bronze	қола	[qola]
latão (m)	жез	[ʒez]
níquel (m)	никель	[nıkelʲ]
platina (f)	платина	[platına]
mercúrio (m)	сынап	[sinap]
estanho (m)	қалайы	[qalaji]
chumbo (m)	қорғасын	[qorɣasin]
zinco (m)	мырыш	[miriʃ]

O SER HUMANO

O ser humano. O corpo

26. Humanos. Conceitos básicos

ser (m) humano	адам	[adam]
homem (m)	еркек	[erkek]
mulher (f)	әйел	[æjel]
criança (f)	бала	[bala]
menina (f)	қыз бала	[qiz bala]
menino (m)	ұл бала	[ʊl bala]
adolescente (m)	жас өспірім	[ʒas øspirim]
velho (m)	қарт	[qart]
velha, anciã (f)	кемпір	[kempir]

27. Anatomia humana

organismo (m)	ағза	[aɣza]
coração (m)	жүрек	[ʒʉrek]
sangue (m)	қан	[qan]
artéria (f)	артерия	[arterija]
veia (f)	күретамыр	[kʉretamir]
cérebro (m)	ми	[mɪ]
nervo (m)	жүйке	[ʒʉjke]
nervos (m pl)	жүйкелер	[ʒʉjkeler]
vértebra (f)	омыртқа	[omirtqa]
coluna (f) vertebral	омыртқа	[omirtqa]
estômago (m)	асқазан	[asqazan]
intestinos (m pl)	ішектер	[iʃækter]
intestino (m)	ішек	[iʃæk]
fígado (m)	бауыр	[bawir]
rim (m)	бүйрек	[bʉjrek]
osso (m)	сүйек	[sʉjek]
esqueleto (m)	сүлде	[sʉlde]
costela (f)	қабырға	[qabirɣa]
crânio (m)	бас сүйек	[bas sʉjek]
músculo (m)	бұлшық ет	[bʊlʃiq et]
bíceps (m)	бицепс	[bɪtseps]
tríceps (m)	трицепс	[trɪtseps]
tendão (m)	тарамыс	[taramis]
articulação (f)	жілік	[ʒilik]

35

pulmões (m pl)	өкпе	[økpe]
órgãos (m pl) genitais	жыныс мүшелері	[ʒinis muʃæleri]
pele (f)	тері	[teri]

28. Cabeça

cabeça (f)	бас	[bas]
cara (f)	бет	[bet]
nariz (m)	мұрын	[murin]
boca (f)	ауыз	[awiz]

olho (m)	көз	[køz]
olhos (m pl)	көз	[køz]
pupila (f)	қарашық	[qaraʃiq]
sobrancelha (f)	қас	[qas]
pestana (f)	кірпік	[kirpik]
pálpebra (f)	қабақ	[qabaq]

língua (f)	тіл	[til]
dente (m)	тіс	[tis]
lábios (m pl)	ерін	[erin]
maçãs (f pl) do rosto	бет сүегі	[bet suegi]
gengiva (f)	қызыл иек	[qizil ɪek]
palato (m)	таңдай	[taŋdaj]

narinas (f pl)	танауы	[tanawi]
queixo (m)	иек	[ɪek]
mandíbula (f)	жақ	[ʒaq]
bochecha (f)	ұрт	[urt]

testa (f)	маңдай	[maŋdaj]
têmpora (f)	самай	[samaj]
orelha (f)	құлақ	[qulaq]
nuca (f)	желке	[ʒelke]
pescoço (m)	мойын	[mojin]
garganta (f)	тамақ	[tamaq]

cabelos (m pl)	шаш	[ʃaʃ]
penteado (m)	сәнденген шаш	[sændengen ʃaʃ]
corte (m) de cabelo	сәндеп қиылған шаш	[sændep qiilɣan ʃaʃ]
peruca (f)	жасанды шаш	[ʒasandi ʃaʃ]

bigode (m)	мұрт	[murt]
barba (f)	сақал	[saqal]
usar, ter (~ barba, etc.)	өсіру	[øsiru]
trança (f)	бұрым	[burim]
suíças (f pl)	жақ сақал	[ʒaq saqal]

ruivo	жирен	[ʒɪren]
grisalho	ақ шашты	[aq ʃaʃti]
calvo	тақыр	[taqir]
calva (f)	бастың қасқасы	[bastiŋ qasqasi]
rabo-de-cavalo (m)	құйыршық	[qujirʃiq]
franja (f)	кекіл	[kekil]

29. Corpo humano

mão (f)	шашақ	[ʃaʃaq]
braço (m)	қол	[qol]

dedo (m)	саусақ	[sausaq]
polegar (m)	бас бармақ	[bas barmaq]
dedo (m) mindinho	шынашақ	[ʃinaʃaq]
unha (f)	тырнақ	[tirnaq]

punho (m)	жұдырық	[ʒʊdiriq]
palma (f) da mão	алақан	[alaqan]
pulso (m)	білезік сүйектері	[bilezik sʉjekteri]
antebraço (m)	білек сүйектері	[bilek sʉjekteri]
cotovelo (m)	шынтақ	[ʃintaq]
ombro (m)	иық	[ɪiq]

perna (f)	аяқ	[ajaq]
pé (m)	табан	[taban]
joelho (m)	тізе	[tize]
barriga (f) da perna	балтыр	[baltir]
anca (f)	жая	[ʒaja]
calcanhar (m)	тақа	[taqa]

corpo (m)	дене	[dene]
barriga (f)	қарын	[qarin]
peito (m)	кеуде	[keude]
seio (m)	емшек	[emʃæk]
lado (m)	бүйір	[bʉjir]
costas (f pl)	арқа	[arqa]
região (f) lombar	белдеме	[beldeme]
cintura (f)	бел	[bel]

umbigo (m)	кіндік	[kindik]
nádegas (f pl)	бөксе	[bøkse]
traseiro (m)	бөксе	[bøkse]

sinal (m)	қал	[qal]
tatuagem (f)	татуировка	[tatuɪrovka]
cicatriz (f)	тыртық	[tirtiq]

Vestuário & Acessórios

30. Roupa exterior. Casacos

roupa (f)	киім	[kıim]
roupa (f) exterior	сыртқы киім	[sɨrtqɨ kıim]
roupa (f) de inverno	қысқы киім	[qɨsqɨ kıim]
sobretudo (m)	шапан	[ʃapan]
casaco (m) de peles	тон	[ton]
casaco curto (m) de peles	қысқа тон	[qɨsqa ton]
casaco (m) acolchoado	тұлып тон	[tʊlip ton]
casaco, blusão (m)	куртка	[kurtka]
impermeável (m)	жадағай	[ʒadaɣaj]
impermeável	су өтпейтін	[su øtpejtin]

31. Vestuário de homem & mulher

camisa (f)	көйлек	[køjlek]
calças (f pl)	шалбар	[ʃalbar]
calças (f pl) de ganga	джинсы	[dʒɨnsi]
casaco (m) de fato	пиджак	[pɪdʒak]
fato (m)	костюм	[kostjum]
vestido (ex. ~ vermelho)	көйлек	[køjlek]
saia (f)	белдемше	[beldemʃæ]
blusa (f)	блузка	[bluzka]
casaco (m) de malha	кеудеше	[keudeʃæ]
T-shirt, camiseta (f)	футболка	[futbolka]
calções (Bermudas, etc.)	дамбал	[dambal]
fato (m) de treino	спорттық костюм	[sporttɨq kostjum]
roupão (m) de banho	шапан	[ʃapan]
pijama (m)	түнгі жейде	[tʉngi ʒejde]
suéter (m)	свитер	[svɪter]
pulôver (m)	пуловер	[pulover]
colete (m)	желетке	[ʒeletke]
fraque (m)	фрак	[frak]
smoking (m)	смокинг	[smokɪng]
uniforme (m)	бірыңғай формалы киімдер	[birɨŋɣaj formalɨ kıimder]
roupa (f) de trabalho	жұмыс киімі	[ʒʊmɨs kıimi]
fato-macaco (m)	комбинезон	[kombɪnezon]
bata (~ branca, etc.)	шапан	[ʃapan]

32. Vestuário. Roupa interior

roupa (f) interior	іш киім	[iʃ kɯim]
camisola (f) interior	ішкөйлек	[iʃkøjlek]
peúgas (f pl)	шұлық	[ʃulɯq]
camisa (f) de noite	түнгі көйлек	[tuɲgi køjlek]
sutiã (m)	кеудеше	[keudeʃæ]
meias longas (f pl)	гольф	[golʲf]
meia-calça (f)	шұлықдамбал	[ʃulɯqdambal]
meias (f pl)	шұлық	[ʃulɯq]
fato (m) de banho	шомылу костюмі	[ʃomɯlu kostjumi]

33. Adereços de cabeça

chapéu (m)	телпек	[telpek]
chapéu (m) de feltro	қалпақ	[qalpaq]
boné (m) de beisebol	бейсболка	[bejsbolka]
boné (m)	кепеш	[kepeʃ]
boina (f)	берет	[beret]
capuz (m)	капюшон	[kapjuʃon]
panamá (m)	панама	[panama]
gorro (m) de malha	тоқыма телпек	[toqima telpek]
lenço (m)	орамал	[oramal]
chapéu (m) de mulher	қалпақша	[qalpaqʃa]
capacete (m) de proteção	каска	[kaska]
bibico (m)	пилотка	[pɯlotka]
capacete (m)	дулыға	[duliɣa]
chapéu-coco (m)	котелок	[kotelok]
chapéu (m) alto	цилиндр	[tsɯlɯndr]

34. Calçado

calçado (m)	аяқ киім	[ajaq kɯim]
botinas (f pl)	бәтеңке	[bæteŋke]
sapatos (de salto alto, etc.)	туфли	[tuflɯ]
botas (f pl)	етік	[etik]
pantufas (f pl)	тәпішке	[tæpiʃke]
ténis (m pl)	кроссовкалар	[krossovkalar]
sapatilhas (f pl)	кеды	[kedɪ]
sandálias (f pl)	сандал	[sandal]
sapateiro (m)	аяқ киім жамаушы	[ajaq kɯim ʒamauʃɪ]
salto (m)	тақа	[taqa]
par (m)	қос	[qos]
atacador (m)	бау	[bau]

apertar os atacadores	байлау	[bajlau]
calçadeira (f)	аяқ киімге қасық	[ajaq kiimɣe qasiq]
graxa (f) para calçado	аяқ киімге жағатын кірем	[ajaq kiimɣe ʒaɣatin kirem]

35. Têxtil. Tecidos

algodão (m)	мақта	[maqta]
de algodão	мақтадан	[maqtadan]
linho (m)	зығыр	[ziɣir]
de linho	зығырдан	[ziɣirdan]

seda (f)	жібек	[ʒibek]
de seda	жібектен	[ʒibekten]
lã (f)	жүн	[ʒʉn]
de lã	жүнді	[ʒʉndi]

veludo (m)	барқыт	[barqit]
camurça (f)	күдері	[kʉderi]
bombazina (f)	ши барқыт	[ʃi barqit]

náilon (m)	нейлон	[nejlon]
de náilon	нейлоннан	[nejlonan]
poliéster (m)	полиэстер	[poliɛster]
de poliéster	полиэстерден	[poliɛsterden]

couro (m)	тері	[teri]
de couro	теріден	[teriden]
pele (f)	аң терісі	[aŋ terisi]
de peles, de pele	аң терісі	[aŋ terisi]

36. Acessórios pessoais

luvas (f pl)	биялай	[bijalaj]
mitenes (f pl)	қолғап	[qolɣap]
cachecol (m)	шарф	[ʃarf]

óculos (m pl)	көзілдірік	[køzildirik]
armação (f) de óculos	жиектеме	[ʒiekteme]
guarda-chuva (m)	қол шатыр	[qol ʃatir]
bengala (f)	таяқ	[tajaq]
escova (f) para o cabelo	тарақ	[taraq]
leque (m)	желпігіш	[ʒelpigiʃ]

gravata (f)	галстук	[galstuk]
gravata-borboleta (f)	галстук-көбелек	[galstuk købelek]
suspensórios (m pl)	аспа	[aspa]
lenço (m)	қол орамал	[qol oramal]

pente (m)	тарақ	[taraq]
travessão (m)	шаш қыстырғыш	[ʃaʃ qistirɣiʃ]
gancho (m) de cabelo	шаш түйрегіш	[ʃaʃ tʉjregiʃ]

fivela (f)	айылбас	[ajilbas]
cinto (m)	белдік	[beldik]
correia (f)	белдік	[beldik]
mala (f)	сөмке	[sømke]
mala (f) de senhora	әйел сөмкесі	[æjel sømkesi]
mochila (f)	жолдорба	[ʒoldorba]

37. Vestuário. Diversos

moda (f)	сән	[sæn]
na moda	сәнді	[sændi]
estilista (m)	үлгіші	[ʉlgiʃi]
colarinho (m), gola (f)	жаға	[ʒaɣa]
bolso (m)	қалта	[qalta]
de bolso	қалта	[qalta]
manga (f)	жең	[ʒeŋ]
alcinha (f)	ілгіш	[ilgiʃ]
braguilha (f)	ілгек	[ilgek]
fecho (m) de correr	ілгек	[ilgek]
fecho (m), colchete (m)	ілгек	[ilgek]
botão (m)	түйме	[tʉjme]
casa (f) de botão	желкелік	[ʒelkelik]
soltar-se (vr)	түймені үзіп алу	[tʉjmeni ʉzip alu]
coser, costurar (vi)	тігу	[tigu]
bordar (vt)	кесте тігу	[keste tigu]
bordado (m)	кесте	[keste]
agulha (f)	ине	[ine]
fio (m)	жіп	[ʒip]
costura (f)	тігіс	[tigis]
sujar-se (vr)	былғану	[bilɣanu]
mancha (f)	дақ	[daq]
engelhar-se (vr)	қырыстанып қалу	[qiristanip qalu]
rasgar (vt)	жырту	[ʒirtu]
traça (f)	күйе	[kʉje]

38. Cuidados pessoais. Cosméticos

pasta (f) de dentes	тіс пастасы	[tis pastasi]
escova (f) de dentes	мәсуек	[mæsuek]
escovar os dentes	тіс тазалау	[tis tazalau]
máquina (f) de barbear	ұстара	[ʋstara]
creme (m) de barbear	қырынуға арналған крем	[qirinuɣa arnalɣan krem]
barbear-se (vr)	қырыну	[qirinu]
sabonete (m)	сабын	[sabin]
champô (m)	сусабын	[susabin]

tesoura (f)	қайшы	[qajʃi]
lima (f) de unhas	тырнақ егеуіш	[tirnaq egewiʃ]
corta-unhas (m)	тістеуік	[tistewik]
pinça (f)	іскек	[iskek]

cosméticos (m pl)	косметика	[kosmetika]
máscara (f) facial	маска	[maska]
manicura (f)	маникюр	[manıkjur]
fazer a manicura	маникюр жасау	[manıkjur ʒasau]
pedicure (f)	педикюр	[pedıkjur]

mala (f) de maquilhagem	бояулар салатын сомке	[bojaular salatin somke]
pó (m)	опа	[opa]
caixa (f) de pó	опа сауыт	[opa sawit]
blush (m)	еңлік	[eŋlik]

perfume (m)	иіс су	[ıis su]
água (f) de toilette	иіссу	[ıissu]
loção (f)	лосьон	[losion]
água-de-colónia (f)	әтір	[ætir]

sombra (f) de olhos	қабақ бояуы	[qabaq bojawi]
lápis (m) delineador	көзге арналған қарындаш	[køzge arnalɣan qarindaʃ]
máscara (f), rímel (m)	кірпік сүрмесі	[kirpik surmesi]

batom (m)	ерін далабы	[erin dalabi]
verniz (m) de unhas	тырнақ арналған лак	[tirnaq arnalɣan lak]
laca (f) para cabelos	шашқа арналған лак	[ʃaʃqa arnalɣan lak]
desodorizante (m)	дезодорант	[dezodorant]

creme (m)	иісмай	[ıismaj]
creme (m) de rosto	бетке арналған крем	[betke arnalɣan krem]
creme (m) de mãos	қолға арналған крем	[qolɣa arnalɣan krem]
creme (m) antirrugas	әжімге қарсы кремі	[æʒimge qarsi kremi]
de dia	күндізгі иісмай	[kundizgi ıismaj]
da noite	түнгі иісмай	[tungi ıismaj]

tampão (m)	тықпа	[tiqpa]
papel (m) higiénico	дәрет қағазы	[dæret qaɣazi]
secador (m) elétrico	шаш кептіргіш	[ʃaʃ keptirgiʃ]

39. Joalheria

joias (f pl)	асылдар	[asildar]
precioso	асыл	[asil]
marca (f) de contraste	белгі	[belgi]

anel (m)	сақина	[saqina]
aliança (f)	неке жүзігі	[neke ʒuzigi]
pulseira (f)	білезік	[bilezik]

brincos (m pl)	сырға	[sirɣa]
colar (m)	алқа	[alqa]
coroa (f)	таж	[taʒ]

colar (m) de contas	моншақ	[monʃaq]
diamante (m)	гауһар	[gauhar]
esmeralda (f)	зүмірет	[zɵmiret]
rubi (m)	лағыл	[laɣɨl]
safira (f)	жақұт	[ʒaqʊt]
pérola (f)	меруерт	[meruert]
âmbar (m)	кәріптас	[kæriptas]

40. Relógios de pulso. Relógios

relógio (m) de pulso	сағат	[saɣat]
mostrador (m)	циферблат	[tsɪferblat]
ponteiro (m)	тіл	[til]
bracelete (f) em aço	білезік	[bilezik]
bracelete (f) em couro	таспа	[taspa]

pilha (f)	батарейка	[batarejka]
descarregar-se	батарейка отырып қалды	[batarejka otirip qaldi]
trocar a pilha	батарейканы ауыстыру	[batarejkani awistiru]
estar adiantado	асығу	[asɨɣu]
estar atrasado	кейіндеу	[kejindeu]

relógio (m) de parede	қабырға сағат	[qabirɣa saɣat]
ampulheta (f)	құм сағат	[qʊm saɣat]
relógio (m) de sol	күн сағаты	[kɵn saɣati]
despertador (m)	оятар	[ojatar]
relojoeiro (m)	сағатшы	[saɣatʃi]
reparar (vt)	жөндеу	[ʒøndeu]

Alimentação. Nutrição

41. Comida

carne (f)	ет	[et]
galinha (f)	тауық	[tawiq]
frango (m)	балапан	[balapan]
pato (m)	үйрек	[ʉjrek]
ganso (m)	қаз	[qaz]
caça (f)	құс	[qʊs]
peru (m)	түйетауық	[tʉjetawiq]

carne (f) de porco	шошқа еті	[ʃoʃqa eti]
carne (f) de vitela	бұзау еті	[buzau eti]
carne (f) de carneiro	қой еті	[qoj eti]
carne (f) de vaca	сиыр еті	[sɪɪr eti]
carne (f) de coelho	қоян еті	[qojan eti]

chouriço, salsichão (m)	шұжық	[ʃʊʒɪq]
salsicha (f)	сосиска	[sosɪska]
bacon (m)	бекон	[bekon]
fiambre (f)	ветчина	[vetʃɪna]
presunto (m)	сан ет	[san et]

patê (m)	бұқтырлған ет	[bʊqtirlɣan et]
fígado (m)	бауыр	[bawir]
carne (f) moída	турама	[turama]
língua (f)	тіл	[til]

ovo (m)	жұмыртқа	[ʒʊmirtqa]
ovos (m pl)	жұмыртқалар	[ʒʊmirtqalar]
clara (f) do ovo	ақуыз	[aquiz]
gema (f) do ovo	сарыуыз	[sariwiz]

peixe (m)	балық	[baliq]
mariscos (m pl)	теңіз азығы	[teŋiz aziɣi]
crustáceos (m pl)	шаян тәрізділер	[ʃajan tærizdiler]
caviar (m)	уылдырық	[wildiriq]

caranguejo (m)	таңқышаян	[taŋqiʃajan]
camarão (m)	асшаян	[asʃajan]
ostra (f)	устрица	[ustrɪtsa]
lagosta (f)	лангуст	[langust]
polvo (m)	сегізаяқ	[segizajaq]
lula (f)	кальмар	[kalʲmar]

esturjão (m)	бекіре еті	[bekire eti]
salmão (m)	арқан балық	[arqan baliq]
halibute (m)	палтус	[paltus]
bacalhau (m)	нәлім	[nælim]

cavala, sarda (f)	скумбрия	[skumbrɪja]
atum (m)	тунец	[tunets]
enguia (f)	жыланбалық	[ʒɪlanbalɪq]
truta (f)	бахтах	[bahtah]
sardinha (f)	сардина	[sardɪna]
lúcio (m)	шортан	[ʃortan]
arenque (m)	майшабақ	[majʃabaq]
pão (m)	нан	[nan]
queijo (m)	ірімшік	[irimʃik]
açúcar (m)	қант	[qant]
sal (m)	тұз	[tʊz]
arroz (m)	күріш	[kʉriʃ]
massas (f pl)	түтік кеспе	[tʉtik kespe]
talharim (m)	кеспе	[kespe]
manteiga (f)	сарымай	[sarimaj]
óleo (m) vegetal	өсімдік майы	[øsimdik maji̇]
óleo (m) de girassol	күнбағыс майы	[kʉnbaɣis maji̇]
margarina (f)	маргарин	[margarɪn]
azeitonas (f pl)	зәйтүн	[zæjtʉn]
azeite (m)	зәйтүн майы	[zæjtʉn maji̇]
leite (m)	сүт	[sʉt]
leite (m) condensado	қоюлатқан сүт	[qojulatqan sʉt]
iogurte (m)	йогурт	[jogurt]
nata (f) azeda	қаймақ	[qajmaq]
nata (f) do leite	кілегей	[kilegej]
maionese (f)	майонез	[majonez]
creme (m)	крем	[krem]
grãos (m pl) de cereais	жарма	[ʒarma]
farinha (f)	ұн	[ʊn]
enlatados (m pl)	консервілер	[konserviler]
flocos (m pl) de milho	жүгері жапалақтары	[ʒʉgeri ʒapalaqtari]
mel (m)	бал	[bal]
doce (m)	джем	[dʒem]
pastilha (f) elástica	сағыз	[saɣiz]

42. Bebidas

água (f)	су	[su]
água (f) potável	ішетін су	[iʃætin su]
água (f) mineral	минералды су	[mɪneraldi su]
sem gás	газсыз	[gazsiz]
gaseificada	газдалған	[gazdalɣan]
com gás	газдалған	[gazdalɣan]
gelo (m)	мұз	[mʊz]

45

com gelo	мұзбен	[muzben]
sem álcool	алкогольсыз	[alkogoľsiz]
bebida (f) sem álcool	алкогольсыз сусын	[alkogoľsiz susin]
refresco (m)	салқындататын сусын	[salqindatatin susin]
limonada (f)	лимонад	[lımonad]

bebidas (f pl) alcoólicas	алкогольды ішімдіктер	[alkogoľdi iʃimdikter]
vinho (m)	шарап	[ʃarap]
vinho (m) branco	ақшарап	[aqʃarap]
vinho (m) tinto	қызыл шарап	[qizil ʃarap]

licor (m)	ликер	[lıker]
champanhe (m)	аққайнар	[aqqajnar]
vermute (m)	вермут	[vermut]

uísque (m)	виски	[vıskı]
vodka (f)	арақ	[araq]
gim (m)	жын	[ʒin]
conhaque (m)	коньяк	[konʲak]
rum (m)	ром	[rom]

café (m)	кофе	[kofe]
café (m) puro	қара кофе	[qara kofe]
café (m) com leite	кофе сүтпен	[kofe sutpen]
cappuccino (m)	кофе кілегеймен	[kofe kilegejmen]
café (m) solúvel	ерігіш кофе	[erigiʃ kofe]

leite (m)	сүт	[sut]
coquetel (m)	коктейль	[koktejlʲ]
batido (m) de leite	сүт коктейлі	[sut koktejli]

sumo (m)	шырын	[ʃirin]
sumo (m) de tomate	қызанақ шырыны	[qizanaq ʃirini]
sumo (m) de laranja	апельсин шырыны	[apelʲsın ʃirini]
sumo (m) fresco	жаңа сығылған шырын	[ʒaŋa siɣilɣan ʃirin]

cerveja (f)	сыра	[sira]
cerveja (f) clara	ақшыл сыра	[aqʃil sira]
cerveja (f) preta	қараңғы сырасы	[qaraŋɣi sirasi]

chá (m)	шай	[ʃaj]
chá (m) preto	қара шай	[qara ʃaj]
chá (m) verde	көк шай	[køk ʃaj]

43. Vegetais

| legumes (m pl) | көкөністер | [køkønister] |
| verduras (f pl) | көкөніс | [køkønis] |

tomate (m)	қызанақ	[qizanaq]
pepino (m)	қияр	[qıjar]
cenoura (f)	сәбіз	[sæbiz]
batata (f)	картоп	[kartop]
cebola (f)	пияз	[pıjaz]

46

alho (m)	сарымсақ	[sarimsaq]
couve (f)	қырыққабат	[qiriqqabat]
couve-flor (f)	түсті орамжапырақ	[tusti oramʒapiraq]
couve-de-bruxelas (f)	брюсель орамжапырағы	[brjuselʲ oramʒapirayi]
brócolos (m pl)	брокколи орамжапырағы	[brokkolɪ oramʒapirayi]

beterraba (f)	қызылша	[qizilʃa]
beringela (f)	кәді	[kædi]
curgete (f)	кәдіш	[kædiʃ]
abóbora (f)	асқабақ	[asqabaq]
nabo (m)	шалқан	[ʃalqan]

salsa (f)	ақжелкен	[aqʒelken]
funcho, endro (m)	аскөк	[askøk]
alface (f)	салат	[salat]
aipo (m)	балдыркөк	[baldirkøk]
espargo (m)	ақтық	[aqtiq]
espinafre (m)	саумалдық	[saumaldiq]

ervilha (f)	ноқат	[noqat]
fava (f)	ірі бұршақтар	[iri burʃaqtar]
milho (m)	жүгері	[ʒugeri]
feijão (m)	үрме бұршақ	[urme burʃaq]

pimentão (m)	бұрыш	[buriʃ]
rabanete (m)	шалғам	[ʃalɣam]
alcachofra (f)	бөрікгүл	[børikgul]

44. Frutos. Nozes

fruta (f)	жеміс	[ʒemis]
maçã (f)	алма	[alma]
pera (f)	алмұрт	[almurt]
limão (m)	лимон	[lɪmon]
laranja (f)	апельсин	[apelʲsɪn]
morango (m)	құлпынай	[qulpinaj]

tangerina (f)	мандарин	[mandarın]
ameixa (f)	алхоры	[alhori]
pêssego (m)	шабдалы	[ʃabdali]
damasco (m)	өрік	[ørik]
framboesa (f)	таңқурай	[taŋquraj]
ananás (m)	ананас	[ananas]

banana (f)	банан	[banan]
melancia (f)	қарбыз	[qarbiz]
uva (f)	жүзім	[ʒuzim]
ginja (f)	кәдімгі шие	[kædɪmgɪ ʃie]
cereja (f)	қызыл шие	[qizil ʃie]
meloa (f)	қауын	[qawin]

toranja (f)	грейпфрут	[grejpfrut]
abacate (m)	авокадо	[avokado]
papaia (f)	папайя	[papaja]

| manga (f) | манго | [mango] |
| romã (f) | анар | [anar] |

groselha (f) vermelha	қызыл қарақат	[qɨzɨl qaraqat]
groselha (f) preta	қара қарақат	[qara qaraqat]
groselha (f) espinhosa	қарлыған	[qarlɨɣan]
mirtilo (m)	қара жидек	[qara ʒɨdek]
amora silvestre (f)	қожақат	[qoʒaqat]

uvas (f pl) passas	мейіз	[mejiz]
figo (m)	інжір	[inʒir]
tâmara (f)	құрма	[qʊrma]

amendoim (m)	жержаңғақ	[ʒerʒaŋɣaq]
amêndoa (f)	бадам	[badam]
noz (f)	жаңғақ	[ʒaŋɣaq]
avelã (f)	ағаш жаңғағы	[aɣaʃ ʒaŋɣaɣɨ]
coco (m)	кокос жаңғақ	[kokos ʒaŋɣaq]
pistáchios (m pl)	пісте	[piste]

45. Pão. Bolaria

pastelaria (f)	кондитер бұйымдары	[kondɨter bʊjɨmdarɨ]
pão (m)	нан	[nan]
bolacha (f)	печенье	[petʃenʲe]

chocolate (m)	шоколад	[ʃokolad]
de chocolate	шоколад	[ʃokolad]
rebuçado (m)	кәмпит	[kæmpɨt]
bolo (cupcake, etc.)	тәтті тоқаш	[tætti toqaʃ]
bolo (m) de aniversário	торт	[tort]

| tarte (~ de maçã) | бәліш | [bæliʃ] |
| recheio (m) | салынды | [salɨndɨ] |

doce (m)	қайнатпа	[qajnatpa]
geleia (f) de frutas	мармелад	[marmelad]
waffle (m)	вафли	[vaflɨ]
gelado (m)	балмұздақ	[balmʊzdaq]
pudim (m)	пудинг	[pudɨng]

46. Pratos cozinhados

prato (m)	тағам	[taɣam]
cozinha (~ portuguesa)	ұлттық тағамдар	[ʊlttɨq taɣamdar]
receita (f)	рецепт	[retsept]
porção (f)	мөлшер	[mølʃær]

salada (f)	салат	[salat]
sopa (f)	көже	[køʒe]
caldo (m)	сорпа	[sorpa]
sandes (f)	бутерброд	[buterbrod]

ovos (m pl) estrelados	қуырылған жұмыртқа	[quirilɣan ӡumirtqa]
hambúrguer (m)	гамбургер	[gamburger]
bife (m)	бифштекс	[bifʃteks]

conduto (m)	гарнир	[garnır]
espaguete (m)	спагетти	[spagettı]
puré (m) de batata	картоп езбесі	[kartop ezbesi]
pizza (f)	пицца	[pıtsa]
papa (f)	ботқа	[botqa]
omelete (f)	омлет	[omlet]

cozido em água	пісірілген	[pisirilgen]
fumado	ысталған	[istalɣan]
frito	қуырылған	[quirilɣan]
seco	кептірілген	[keptirilgen]
congelado	мұздатылған	[muzdatilɣan]
em conserva	маринадталған	[marınadtalɣan]

doce (açucarado)	тәтті	[tætti]
salgado	тұзды	[tuzdi]
frio	суық	[suiq]
quente	ыстық	[istiq]
amargo	ащы	[açi]
gostoso	дәмді	[dæmdi]

cozinhar (em água a ferver)	пісіру	[pisiru]
fazer, preparar (vt)	әзірлеу	[æzirleu]
fritar (vt)	қуыру	[quiru]
aquecer (vt)	ысыту	[isitu]

salgar (vt)	тұздау	[tuzdau]
apimentar (vt)	бұрыш салу	[buriʃ salu]
ralar (vt)	үйкеу	[ujkeu]
casca (f)	қабық	[qabiq]
descascar (vt)	аршу	[arʃu]

47. Especiarias

sal (m)	тұз	[tuz]
salgado	тұзды	[tuzdi]
salgar (vt)	тұздау	[tuzdau]

pimenta (f) preta	қара бұрыш	[qara buriʃ]
pimenta (f) vermelha	қызыл бұрыш	[qizil buriʃ]
mostarda (f)	қыша	[qiʃa]
raiz-forte (f)	түбіртамыр	[tubirtamir]

condimento (m)	дәмдеуіш	[dæmdewiʃ]
especiaria (f)	дәмдеуіш	[dæmdewiʃ]
molho (m)	тұздық	[tuzdiq]
vinagre (m)	сірке суы	[sirke sui]

anis (m)	анис	[anis]
manjericão (m)	насыбайгүл	[nasibajgul]

cravo (m)	қалампыргүл	[qalampïrgʉl]
gengibre (m)	имбирь	[ımbırʲ]
coentro (m)	кориандр	[korıandr]
canela (f)	даршын	[darʃïn]

sésamo (m)	күнжіт	[kʉnʒit]
folhas (f pl) de louro	лавр жапырағы	[lavr ʒapïraɣï]
páprica (f)	паприка	[paprïka]
cominho (m)	зире	[zïre]
açafrão (m)	бәйшешек	[bæjʃeʃek]

48. Refeições

| comida (f) | тамақ | [tamaq] |
| comer (vt) | жеу | [ʒeu] |

pequeno-almoço (m)	ертеңгілік тамақ	[erteŋgilik tamaq]
tomar o pequeno-almoço	ертеңгі тамақты ішу	[erteŋgi tamaqtï iʃu]
almoço (m)	түскі тамақ	[tʉski tamaq]
almoçar (vi)	түскі тамақ жеу	[tʉski tamaq ʒeu]
jantar (m)	кешкі тамақ	[keʃki tamaq]
jantar (vi)	кешкі тамақ ішу	[keʃki tamaq iʃu]

| apetite (m) | тәбет | [tæbet] |
| Bom apetite! | Ас болсын! | [as bolsïn] |

abrir (~ uma lata, etc.)	аш	[aʃ]
derramar (vt)	төгу	[tøgu]
derramar-se (vr)	төгілу	[tøgilu]

ferver (vi)	қайнау	[qajnau]
ferver (vt)	қайнату	[qajnatu]
fervido	қайнатылған	[qajnatïlɣan]

| arrefecer (vt) | салқындату | [salqïndatu] |
| arrefecer-se (vr) | салқындау | [salqïndau] |

| sabor, gosto (m) | талғам | [talɣam] |
| gostinho (m) | татым | [tatïm] |

fazer dieta	арықтау	[arïqtau]
dieta (f)	диета	[dïeta]
vitamina (f)	дәрумен	[dærumen]
caloria (f)	калория	[kalorïja]

| vegetariano (m) | вегетариан | [vegetarïan] |
| vegetariano | вегетариандық | [vegetarïandïq] |

gorduras (f pl)	майлар	[majlar]
proteínas (f pl)	ақуыз	[aquiz]
carboidratos (m pl)	көміртегі	[kømirtegi]
fatia (~ de limão, etc.)	тілім	[tilim]
pedaço (~ de bolo)	кесек	[kesek]
migalha (f)	үзім	[ʉzim]

49. Por a mesa

colher (f)	қасық	[qasiq]
faca (f)	пышақ	[pifaq]
garfo (m)	шанышқы	[fanifqi]
chávena (f)	шыныаяқ	[finiajaq]
prato (m)	тәрелке	[tærelke]
pires (m)	табақша	[tabaqfa]
guardanapo (m)	майлық	[majliq]
palito (m)	тіс тазартқыш	[tis tazartqif]

50. Restaurante

restaurante (m)	мейрамхана	[mejramhana]
café (m)	кофехана	[kofehana]
bar (m), cervejaria (f)	бар	[bar]
salão (m) de chá	шайхана	[fajhana]
empregado (m) de mesa	даяшы	[dajafi]
empregada (f) de mesa	даяшы	[dajafi]
barman (m)	бармен	[barmen]
ementa (f)	мәзір	[mæzir]
lista (f) de vinhos	шарап картасы	[farap kartasi]
reservar uma mesa	бронды үстел	[brondi ustel]
prato (m)	тамақ	[tamaq]
pedir (vt)	тапсырыс беру	[tapsiris beru]
fazer o pedido	тапсырыс жасау	[tapsiris ʒasau]
aperitivo (m)	аперитив	[aperitiv]
entrada (f)	дәмтатым	[dæmtatim]
sobremesa (f)	десерт	[desert]
conta (f)	есеп	[esep]
pagar a conta	есеп бойынша төлеу	[esep bojinfa tøleu]
dar o troco	төленгеннің артығын беру	[tølengeniŋ artiɣin beru]
gorjeta (f)	шайлық	[fajliq]

Família, parentes e amigos

51. Informação pessoal. Formulários

nome (m)	есім	[esim]
apelido (m)	тек	[tek]
data (f) de nascimento	туған күні	[tuɣan kʉni]
local (m) de nascimento	туған жері	[tuɣan ʒeri]
nacionalidade (f)	ұлт	[ʊlt]
lugar (m) de residência	тұратын мекені	[tʊratin mekeni]
país (m)	ел	[el]
profissão (f)	мамандық	[mamandiq]
sexo (m)	жыныс	[ʒinis]
estatura (f)	бой	[boj]
peso (m)	салмақ	[salmaq]

52. Membros da família. Parentes

mãe (f)	ана	[ana]
pai (m)	әке	[æke]
filho (m)	ұл	[ʊl]
filha (f)	қыз	[qiz]
filha (f) mais nova	кіші қыз	[kiʃi qiz]
filho (m) mais novo	кіші ұл	[kiʃi ʊl]
filha (f) mais velha	үлкен қыз	[ʉlken qiz]
filho (m) mais velho	үлкен ұл	[ʉlken ʊl]
irmão (m)	бауыр	[bawir]
irmão (m) mais velho	аға	[aɣa]
irmão (m) mais novo	іні	[ini]
irmã (f)	қарындас	[qarindas]
irmã (f) mais velha	апа	[apa]
irmã (f) mais nova	сіңлі	[siŋli]
primo (m)	немере аға	[nemere aɣa]
prima (f)	немере әпке	[nemere æpke]
mamã (f)	апа	[apa]
papá (m)	әке	[æke]
pais (pl)	әке-шеше	[ækeʃeʃe]
criança (f)	бала	[bala]
crianças (f pl)	балалар	[balalar]
avó (f)	әже	[æʒe]
avô (m)	ата	[ata]
neto (m)	немере, жиен	[nemere], [ʒıen]

| neta (f) | немере қыз, жиен қыз | [nemere qiz], [ʒien qiz] |
| netos (pl) | немерелер | [nemereler] |

tio (m)	аға	[aɣa]
tia (f)	тәте	[tæte]
sobrinho (m)	жиен, ини	[ʒien], [ɪnɪ]
sobrinha (f)	жиен	[ʒien]

sogra (f)	ене	[ene]
sogro (m)	қайын ата	[qajin ata]
genro (m)	жездей	[ʒezdej]
madrasta (f)	өгей ана	[øgej ana]
padrasto (m)	өгей әке	[øgej æke]

criança (f) de colo	емшек баласы	[emʃæk balasi]
bebé (m)	бөбек	[bøbek]
menino (m)	бөбек	[bøbek]

mulher (f)	әйел	[æjel]
marido (m)	еркек	[erkek]
esposo (m)	күйеу	[kʉjeu]
esposa (f)	әйел	[æjel]

casado	үйленген	[ʉjlengen]
casada	күйеуге шыққан	[kʉjeuge ʃiqqan]
solteiro	бойдақ	[bojdaq]
solteirão (m)	бойдақ	[bojdaq]
divorciado	ажырасқан	[aʒirasqan]
viúva (f)	жесір әйел	[ʒesir æjel]
viúvo (m)	тұл ер адам	[tʊl er adam]

parente (m)	туысқан	[tuisqan]
parente (m) próximo	жақын туысқан	[ʒaqin tuisqan]
parente (m) distante	алыс ағайын	[alis aɣajin]
parentes (m pl)	туған-туысқандар	[tuɣan tuisqandar]

órfão (m), órfã (f)	жетім бала	[ʒetim bala]
tutor (m)	қамқоршы	[qamqorʃi]
adotar (um filho)	бала қылып алу	[bala qilip alu]
adotar (uma filha)	қыз етіп асырап алу	[qiz etip asirap alu]

53. Amigos. Colegas de trabalho

amigo (m)	дос	[dos]
amiga (f)	құрбы	[qʊrbi]
amizade (f)	достық	[dostiq]
ser amigos	достасу	[dostasu]

amigo (m)	дос	[dos]
amiga (f)	құрбы	[qʊrbi]
parceiro (m)	серіктес	[seriktes]

| chefe (m) | бастық | [bastiq] |
| superior (m) | бастық | [bastiq] |

| subordinado (m) | бағынышты адам | [bayiniʃti adam] |
| colega (m) | еңбектес | [eŋbektes] |

conhecido (m)	таныс	[tanis]
companheiro (m) de viagem	жолсерік	[ʒolserik]
colega (m) de classe	сыныптас	[siniptas]

vizinho (m)	көрші	[kørʃi]
vizinha (f)	көрші	[kørʃi]
vizinhos (pl)	көршілер	[kørʃi ler]

54. Homem. Mulher

mulher (f)	әйел	[æjel]
rapariga (f)	қыз	[qiz]
noiva (f)	айттырылған қыз	[ajttirilyan qiz]

bonita	әдемі	[ædemi]
alta	ұзын бойлы	[uzin bojli]
esbelta	сымбатты	[simbatti]
de estatura média	бойы биік емес	[boji biik emes]

| loura (f) | ақ сары | [aq sari] |
| morena (f) | қара қас | [qara qas] |

de senhora	әйелдік	[æjeldik]
virgem (f)	қыздығын сақтаған	[qizdiyin saqtayan]
grávida	жүкті әйел	[ʒukti æjel]

homem (m)	ер адам	[er adam]
louro (m)	ақ сары	[aq sari]
moreno (m)	қара қас	[qara qas]
alto	ұзын бойлы	[uzin bojli]
de estatura média	бойы биік емес	[boji biik emes]

rude	дөрекі	[døreki]
atarracado	дембелше	[dembelʃe]
robusto	берік	[berik]
forte	күшті	[kuʃti]
força (f)	күш	[kuʃ]

gordo	толық	[toliq]
moreno	қараторы	[qaratori]
esbelto	сымбатты	[simbatti]
elegante	сырбаз	[sirbaz]

55. Idade

idade (f)	жас шамасы	[ʒas ʃamasi]
juventude (f)	жастық	[ʒastiq]
jovem	жас	[ʒas]
mais novo	кіші	[kiʃi]

mais velho	үлкен	[ʉlken]
jovem (m)	жас жігіт	[ʒas ʒigit]
adolescente (m)	жас өспірім	[ʒas øspirim]
rapaz (m)	жігіт	[ʒigit]
velho (m)	қарт	[qart]
velhota (f)	кемпір	[kempir]
adulto	ересек	[eresek]
de meia-idade	орта жаста	[orta ʒasta]
idoso, de idade	егде	[egde]
velho	кәрі	[kæri]
reformar-se (vr)	зейнетақыға кету	[zejnetaqiɣa ketu]
reformado (m)	зейнеткер	[zejnetker]

56. Crianças

criança (f)	бала	[bala]
crianças (f pl)	балалар	[balalar]
gémeos (m pl)	егіздер	[egizder]
berço (m)	бесік	[besik]
guizo (m)	сылдырақ	[sɨldiraq]
fralda (f)	подгузник	[podguznɨk]

57. Casais. Vida de família

beijar (vt)	сүйу	[sʉjʉ]
beijar-se (vr)	сүйісу	[sʉjisu]
família (f)	жануя	[ʒanʉja]
familiar	отбасылық	[otbasɨlɨq]
casal (m)	жұп	[ʒʊp]
matrimónio (m)	неке	[neke]
lar (m)	үй ішінде	[ʉj iʃinde]
dinastia (f)	әулет	[æulet]
encontro (m)	жүздесу	[ʒʉzdesu]
beijo (m)	сүйіс	[sʉjis]
amor (m)	махаббат	[mahabbat]
amar (vt)	жақсы көру	[ʒaqsi køru]
amado, querido	аяулы	[ajauli]
ternura (f)	мейрімділік	[mejrimdilik]
terno, afetuoso	мейрімді	[mejrimdi]
fidelidade (f)	берілгендік	[berilgendik]
fiel	берілген	[berilgen]
cuidado (m)	қам жеу	[qam ʒeu]
carinhoso	қамқор	[qamqor]
recém-casados (m pl)	жас жұбайлар	[ʒas ʒʊbajlar]
lua de mel (f)	жас жұбайлар айы	[ʒas ʒʊbajlar aji]

| casar-se (com um homem) | күйеуге шығу | [kʉjeuge ʃɨɣu] |
| casar-se (com uma mulher) | үйлену | [ʉjlenu] |

boda (f)	үйлену тойы	[ʉjlenu toji]
bodas (f pl) de ouro	алтын той	[altin toj]
aniversário (m)	жылдық	[ʒildiq]

| amante (m) | ашына | [aʃina] |
| amante (f) | ашына | [aʃina] |

adultério (m)	опасыздық	[opasizdiq]
cometer adultério	опасыздық ету	[opasizdiq etu]
divórcio (m)	ажырасу	[aʒirasu]
divorciar-se (vr)	ажырап кету	[aʒirap ketu]

brigar (discutir)	араздасу	[arazdasu]
fazer as pazes	райласу	[rajlasu]
juntos	бірге	[birge]
sexo (m)	жыныстық қатынас	[ʒinistiq qatinas]

felicidade (f)	бақыт	[baqit]
feliz	бақытты	[baqitti]
infelicidade (f)	бақытсыздық	[biqitsizdiq]
infeliz	бақытсыз	[biqitsiz]

Caráter. Sentimentos. Emoções

58. Sentimentos. Emoções

sentimento (m)	сезім	[sezim]
sentimentos (m pl)	сезімдер	[sezimder]
fome (f)	аштық	[aʃtiq]
ter fome	жегісі келу	[ʒegisi kelu]
sede (f)	шөл	[ʃøl]
ter sede	шөлдеу	[ʃøldeu]
sonolência (f)	ұйқышылдық	[ujqiʃildiq]
estar sonolento	ұйқы келу	[ujqi kelu]
cansaço (m)	шаршағандық	[ʃarʃaɣandiq]
cansado	шаршаған	[ʃarʃaɣan]
ficar cansado	шаршау	[ʃarʃau]
humor (m)	көңіл күй	[køŋil kʉj]
tédio (m)	зеріғу	[zerigu]
aborrecer-se (vr)	сағыну	[saɣinu]
isolamento (m)	жалғыздық	[ʒalɣizdiq]
isolar-se	жекелену	[ʒekelenu]
preocupar (vt)	мазалау	[mazalau]
preocupar-se (vr)	алаң болу	[alaŋ bolu]
preocupação (f)	алаңдау	[alaŋdau]
ansiedade (f)	қорқыныш	[qorqiniʃ]
preocupado	абыржыған	[abirʒiɣan]
estar nervoso	абыржу	[abirʒu]
entrar em pânico	дүрліғу	[dʉrligu]
esperança (f)	үміт	[ʉmit]
esperar (vt)	үміттену	[ʉmittenu]
certeza (f)	сенімділік	[senimdilik]
certo	көзі жеткен	[køzi ʒetken]
indecisão (f)	сенімділіксіз	[senimdiliksiz]
indeciso	өзіне сенбейтін	[øzine senbejtin]
ébrio, bêbado	мас	[mas]
sóbrio	мас емес	[mas emes]
fraco	әлсіз	[ælsiz]
feliz	бақытты	[baqitti]
assustar (vt)	шошыту	[ʃoʃitu]
fúria (f)	құтырушылық	[qʉtiruʃiliq]
ira, raiva (f)	кәр	[kær]
depressão (f)	депрессия	[depressija]
desconforto (m)	жайсыздық	[ʒajsizdiq]

conforto (m)	жайлылық	[ʒajlɨlɨq]
arrepender-se (vr)	өкіну	[økinu]
arrependimento (m)	өкініш	[økiniʃ]
azar (m), má sorte (f)	қырсық	[qɨrsɨq]
tristeza (f)	кейіс	[kejis]

vergonha (f)	ұят	[ujat]
alegria (f)	ойын-күлкі	[ojin kulki]
entusiasmo (m)	ынта	[inta]
entusiasta (m)	энтузиаст	[ɛntuzɪast]
mostrar entusiasmo	ынта көрсету	[inta kørsetu]

59. Caráter. Personalidade

caráter (m)	мінез	[minez]
falha (f) de caráter	кемшілік	[kemʃilik]
mente (f)	ес	[es]
razão (f)	ақыл	[aqɨl]

consciência (f)	ұят	[ujat]
hábito (m)	әдет	[ædet]
habilidade (f)	қабілеттілік	[qabilettilik]
saber (~ nadar, etc.)	білу	[bilu]

paciente	шыдамды	[ʃidamdɨ]
impaciente	шыдамсыз	[ʃidamsɨz]
curioso	қызық құмар	[qɨzɨq kumar]
curiosidade (f)	құмарлық	[qumarlɨq]

modéstia (f)	сыпайлық	[sipajlɨq]
modesto	сыпайлы	[sipajlɨ]
imodesto	сыпайсыз	[sipajsɨz]

| preguiçoso | еріншек | [erinʃæk] |
| preguiçoso (m) | еріншек | [erinʃæk] |

astúcia (f)	қулық	[qulɨq]
astuto	қу	[qu]
desconfiança (f)	сенбеушілік	[senbeuʃilik]
desconfiado	секемшіл	[sekemʃil]

generosidade (f)	мырзалық	[mirzalɨq]
generoso	алақаны ашық	[alaqanɨ aʃɨq]
talentoso	дарынды	[darindɨ]
talento (m)	дарын	[darin]

corajoso	батыл	[batɨl]
coragem (f)	батылдық	[batɨldɨq]
honesto	адал	[adal]
honestidade (f)	адалдық	[adaldɨq]

prudente	құнты	[qunti]
valente	ержүрек	[erʒurek]
sério	салмақты	[salmaqtɨ]

severo	қатал	[qatal]
decidido	батыл	[batïl]
indeciso	жасқаншақ	[ʒasqanʃaq]
tímido	жасқаншақ	[ʒasqanʃaq]
timidez (f)	жасқаншақтық	[ʒasqanʃaqtïq]

confiança (f)	сенім	[senim]
confiar (vt)	сену	[senu]
crédulo	сенгіш	[sengiʃ]

sinceramente	бүкпесіз	[bʉkpesiz]
sincero	адал	[adal]
sinceridade (f)	ақжүректік	[aqʒʉrektik]
aberto	ашық	[aʃïq]

calmo	тыныш	[tiniʃ]
franco	ашық	[aʃïq]
ingénuo	аңқау	[aŋqau]
distraído	ұмытшақ	[ʊmïtʃaq]
engraçado	күлкілі	[kʉlkili]

ganância (f)	арамдылық	[aramdïlïq]
ganancioso	арам	[aram]
avarento	сараң	[saraŋ]
mau	өш	[øʃ]
teimoso	қыңыр	[qïŋïr]
desagradável	сүйкімсіз	[sʉjkimsiz]

egoísta (m)	өзімшіл	[øzimʃil]
egoísta	өзімшіл	[øzimʃil]
cobarde (m)	қорқақ	[qorqaq]
cobarde	қорқақ	[qorqaq]

60. O sono. Sonhos

dormir (vi)	ұйықтау	[ʊjïqtau]
sono (m)	ұйқы	[ʊjqï]
sonho (m)	түс	[tʉs]
sonhar (vi)	түстерді көру	[tʉsterdi køru]
sonolento	ұйқылы	[ʊjqïlï]

cama (f)	төсек	[tøsek]
colchão (m)	матрас	[matras]
cobertor (m)	көрпе	[kørpe]
almofada (f)	жастық	[ʒastïq]
lençol (m)	ақжайма	[aqʒajma]

insónia (f)	ұйқы көрмеу	[ʊjqï kørmeu]
insone	ұйқысыз	[ʊjqïsïz]
sonífero (m)	ұйықтататын дәрі	[ʊjïqtatatïn dæri]
tomar um sonífero	ұйықтататын дәріні ішу	[ʊjïqtatatïn dærini iʃu]

| estar sonolento | ұйқы келу | [ʊjqï kelu] |
| bocejar (vi) | есінеу | [esineu] |

ir para a cama	ұйқыға бару	[ʊjqiɣa baru]
fazer a cama	төсек салу	[tøsek salu]
adormecer (vi)	ұйықтау	[ʊjiqtau]

pesadelo (m)	сұмдық	[sʊmdiq]
ronco (m)	қорыл	[qoril]
roncar (vi)	қорылдау	[qorildau]

despertador (m)	оятар	[ojatar]
acordar, despertar (vt)	ояту	[ojatu]
acordar (vi)	ояну	[ojanu]
levantar-se (vr)	төсектен тұру	[tøsekten tʊru]
lavar-se (vr)	жуыну	[ʒuinu]

61. Humor. Riso. Alegria

humor (m)	мысқыл	[misqil]
sentido (m) de humor	мысқыл сезім	[misqil sezim]
divertir-se (vr)	көңіл көтеру	[køŋil koteru]
alegre	көңілді	[køŋildi]
alegria (f)	шаттық	[ʃattiq]

sorriso (m)	күлкі	[kʉlki]
sorrir (vi)	күлімдеу	[kʉlimdeu]
começar a rir	күле бастау	[kʉle bastau]
rir (vi)	күлу	[kʉlu]
riso (m)	күлкі	[kʉlki]

anedota (f)	анекдот	[anekdot]
engraçado	күлкілі	[kʉlkili]
ridículo	күлдіргі	[kʉldirgi]

brincar, fazer piadas	әзілдеу	[æzildeu]
piada (f)	әзіл	[æzil]
alegria (f)	қуаныш	[quaniʃ]
regozijar-se (vr)	қуану	[quanu]
alegre	қуанышты	[quaniʃti]

62. Discussão, conversação. Parte 1

| comunicação (f) | байланыс | [bajlanis] |
| comunicar-se (vr) | араласу | [aralasu] |

conversa (f)	әңгіме	[æŋgime]
diálogo (m)	диалог	[dialog]
discussão (f)	дискуссия	[diskussija]
debate (m)	пікірталас	[pikirtalas]
debater (vt)	дауласу	[daulasu]

interlocutor (m)	әңгімелесуші	[æŋgimelesuʃi]
tema (m)	тақырып	[taqirip]
ponto (m) de vista	көзқарас	[køzqaras]

| opinião (f) | пікір | [pikir] |
| discurso (m) | сөйлеу | [søjleu] |

discussão (f)	талқылау	[talqilau]
discutir (vt)	талқылау	[talqilau]
conversa (f)	сұқбат	[suqbat]
conversar (vi)	сұқбаттасу	[suqbattasu]
encontro (m)	кездесу	[kezdesu]
encontrar-se (vr)	кездесу	[kezdesu]

provérbio (m)	мақал	[maqal]
ditado (m)	мәтел	[mætel]
adivinha (f)	жұмбақ	[ʒumbaq]
dizer uma adivinha	жұмбақ айту	[ʒumbaq ajtu]
senha (f)	пароль	[parolʲ]
segredo (m)	құпия	[qupija]

juramento (m)	ант	[ant]
jurar (vi)	ант беру	[ant beru]
promessa (f)	уәде	[wæde]
prometer (vt)	уәде беру	[wæde beru]

conselho (m)	кеңес	[keŋes]
aconselhar (vt)	кеңес беру	[keŋes beru]
escutar (~ os conselhos)	тыңдау	[tiŋdau]

novidade, notícia (f)	жаңалық	[ʒaŋaliq]
sensação (f)	таң қаларлық оқиға	[taŋ qalarliq oqıiɣa]
informação (f)	мәліметтер	[mælimetter]
conclusão (f)	қорытынды	[qoritindi]
voz (f)	дауыс	[dawis]
elogio (m)	комплимент	[kompliment]
amável	ақ пейілді	[aq pejildi]

palavra (f)	сөз	[søz]
frase (f)	фраза	[fraza]
resposta (f)	жауап	[ʒawap]

| verdade (f) | ақиқат | [aqiqat] |
| mentira (f) | өтірік | [øtirik] |

pensamento (m)	ой	[oj]
ideia (f)	ой	[oj]
fantasia (f)	қиял	[qijal]

63. Discussão, conversação. Parte 2

estimado	құрметті	[qurmetti]
respeitar (vt)	құрметтеу	[qurmetteu]
respeito (m)	құрмет	[qurmet]
Estimado ..., Caro ...	Құрметті ...	[qurmetti]

| apresentar (vt) | таныстыру | [tanistiru] |
| travar conhecimento | танысу | [tanisu] |

intenção (f)	ниет	[nɪet]
tencionar (vt)	ниеттену	[nɪettenu]
desejo (m)	талап-тілек	[talap tilek]
desejar (ex. ~ boa sorte)	тілеу	[tileu]

surpresa (f)	таңдану	[taŋdanu]
surpreender (vt)	таңдандыру	[taŋdandiru]
surpreender-se (vr)	таңдану	[taŋdanu]

dar (vt)	беру	[beru]
pegar (tomar)	алу	[alu]
devolver (vt)	қайтару	[qajtaru]
retornar (vt)	беру, қайтару	[beru], [qajtaru]

desculpar-se (vr)	кешірім сұрау	[keʃirim surau]
desculpa (f)	кешірім	[keʃirim]
perdoar (vt)	кешіру	[keʃiru]

falar (vi)	сөйлесу	[søjlesu]
escutar (vt)	тыңдау	[tiŋdau]
ouvir até o fim	тыңдау	[tiŋdau]
compreender (vt)	түсіну	[tusinu]
mostrar (vt)	көрсету	[kørsetu]
olhar para ...	қарау	[qarau]
chamar (dizer em voz alta o nome)	шақыру	[ʃaqiru]
perturbar (vt)	кедергі жасау	[kedergi ʒasau]
entregar (~ em mãos)	беру	[beru]

pedido (m)	өтініш	[øtiniʃ]
pedir (ex. ~ ajuda)	өтініш ету	[øtiniʃ etu]
exigência (f)	талап	[talap]
exigir (vt)	талап ету	[talap etu]

chamar nomes (vt)	мазақтау	[mazaqtau]
zombar (vt)	күлкі қылу	[kulki qilu]
zombaria (f)	мазақ	[mazaq]
alcunha (f)	лақап ат	[laqap at]

insinuação (f)	тұспал	[tuspal]
insinuar (vt)	тұспалдау	[tuspaldau]
subentender (vt)	жобалап түсіну	[ʒobalap tusinu]

descrição (f)	сипаттама	[sıpattama]
descrever (vt)	сипаттау	[sıpattau]
elogio (m)	мақтан	[maqtan]
elogiar (vt)	мақтау	[maqtau]

desapontamento (m)	көңілі қайту	[køŋili qajtu]
desapontar (vt)	түңілту	[tuŋiltu]
desapontar-se (vr)	көңіл қалу	[køŋil qalu]

suposição (f)	ұсыныс	[usinis]
supor (vt)	шамалау	[ʃamalau]
advertência (f)	алдын-ала ескерту	[aldin ala eskertu]
advertir (vt)	алдын-ала ескерту	[aldin ala eskertu]

64. Discussão, conversação. Parte 3

convencer (vt)	көндіру	[køndiru]
acalmar (vt)	жұбату	[ʒubatu]
silêncio (o ~ é de ouro)	үндемеу	[ʉndemeu]
ficar em silêncio	үндемеу	[ʉndemeu]
sussurrar (vt)	сыбырлау	[sibirlau]
sussurro (m)	сыбыр	[sibir]
francamente	ашықтан-ашық	[aʃiqtan aʃiq]
a meu ver ...	менің пікірім бойынша ...	[meniŋ pikirim bojinʃa]
detalhe (~ da história)	толықтық	[toliqtiq]
detalhado	толық	[toliq]
detalhadamente	толық	[toliq]
dica (f)	ойға салу	[ojɣa salu]
dar uma dica	ойға түсіре айт	[ojɣa tʉsirɛ ajtu]
olhar (m)	көзқарас	[køzqaras]
dar uma vista de olhos	назар салу	[nazar salu]
fixo (olhar ~)	қадалған	[qadalɣan]
piscar (vi)	жыпылықтау	[ʒipiɬiqtau]
pestanejar (vt)	жыпылықтау	[ʒipiɬiqtau]
acenar (com a cabeça)	бас изеу	[bas ɪzeu]
suspiro (m)	дем	[dem]
suspirar (vi)	ішке дем тарту	[iʃke dem tartu]
estremecer (vi)	селк ету	[selk etu]
gesto (m)	дене қимылы	[dene qɪmiɬi]
tocar (com as mãos)	тию	[tɪju]
agarrar (~ pelo braço)	жармасу	[ʒarmasu]
bater de leve	соғу	[soɣu]
Cuidado!	Абайла!	[abajla]
A sério?	Шынымен?	[ʃinimen]
Tem certeza?	Сенімдісін бе?	[senimdisin be]
Boa sorte!	Сәтті бол!	[sætti bol]
Compreendi!	Түсінікті!	[tʉsinikti]
Que pena!	Әттең-ай!	[ætteŋ aj]

65. Acordo. Recusa

consentimento (~ mútuo)	келісім	[kelisim]
consentir (vi)	келесу	[kelesu]
aprovação (f)	жақтыру	[ʒaqtiru]
aprovar (vt)	мақұлдау	[maquldau]
recusa (f)	бас тарту	[bas tartu]
negar-se (vt)	бас тарту	[bas tartu]
Está ótimo!	Керемет!	[keremet]
Muito bem!	Жақсы!	[ʒaqsi]

Está bem! De acordo!	Жарайды!	[ʒarajdi]
proibido	рұқсат етілмеген	[rʊqsat etilmegen]
é proibido	болмайды	[bolmajdi]
é impossível	мүмкін емес	[mumkin emes]
incorreto	дұрыс емес	[dʊris emes]

rejeitar (~ um pedido)	қабылдамау	[qabildamau]
apoiar (vt)	қолдау	[qoldau]
aceitar (desculpas, etc.)	қабылдап алу	[qabildap alu]

confirmar (vt)	растау	[rastau]
confirmação (f)	растау	[rastau]
permissão (f)	рұқсат	[rʊqsat]
permitir (vt)	рұқсат ету	[rʊqsat etu]
decisão (f)	шешім	[ʃæʃim]
não dizer nada	үндемеу	[undemeu]

condição (com uma ~)	шарт	[ʃart]
pretexto (m)	сылтау	[siltau]
elogio (m)	мақтау	[maqtau]
elogiar (vt)	мақтау	[maqtau]

66. Sucesso. Boa sorte. Insucesso

êxito, sucesso (m)	табыс	[tabis]
com êxito	табысты	[tabisti]
bem sucedido	табысты	[tabisti]

sorte (fortuna)	сәттілік	[sættilik]
Boa sorte!	Сәтті бол!	[sætti bol]
de sorte	сәтті	[sætti]
sortudo, felizardo	сәтті	[sætti]
fracasso (m)	сәтсіздік	[sætsizdik]
pouca sorte (f)	қырсықтық	[qirsiqtiq]
azar (m), má sorte (f)	қырсықтық	[qirsiqtiq]
mal sucedido	сәтсіз	[sætsiz]
catástrofe (f)	апат	[apat]

orgulho (m)	намыс	[namis]
orgulhoso	тәкаппар	[tækappar]
estar orgulhoso	мақтан ету	[maqtan etu]
vencedor (m)	жеңімпаз	[ʒeŋimpaz]
vencer (vi)	жеңу	[ʒeŋu]
perder (vt)	жеңілу	[ʒeŋilu]
tentativa (f)	талап	[talap]
tentar (vt)	талпыну	[talpinu]
chance (m)	мүмкіндік	[mumkindik]

67. Conflitos. Emoções negativas

grito (m)	айқай	[ajqaj]
gritar (vi)	айқайлау	[ajqajlau]

começar a gritar	айқайлау	[ajqajlau]
discussão (f)	ұрыс	[ʊris]
discutir (vt)	ұрысу	[ʊrisu]
escândalo (m)	сойқан	[sojqan]
criar escândalo	сойқандау	[sojqandau]
conflito (m)	дау-жанжал	[dau ʒanʒal]
mal-entendido (m)	түсінбестік	[tʉsinbestik]

insulto (m)	жәбірлеу	[ʒæbirleu]
insultar (vt)	жәбірлеу	[ʒæbirleu]
insultado	жәбірленген	[ʒæbirlengen]
ofensa (f)	реніш	[reniʃ]
ofender (vt)	ренжіту	[renʒitu]
ofender-se (vr)	ренжу	[renʒu]

indignação (f)	қатты ашу	[qatti aʃu]
indignar-se (vr)	ашыну	[aʃinu]
queixa (f)	арыз	[ariz]
queixar-se (vr)	наразылық білдіру	[naraziɫiq bildiru]

desculpa (f)	кешірім	[keʃirim]
desculpar-se (vr)	кешірім сұрау	[keʃirim surau]
pedir perdão	кешірім сұрау	[keʃirim surau]

crítica (f)	сын	[sin]
criticar (vt)	сынау	[sinau]
acusação (f)	айып	[ajip]
acusar (vt)	айыптау	[ajiptau]

vingança (f)	кек	[kek]
vingar (vt)	кек алу	[kek alu]
vingar-se (vr)	өш алу	[øʃ alu]

desprezo (m)	сескенбеу	[seskenbeu]
desprezar (vt)	сескенбеу	[seskenbeu]
ódio (m)	өшпенділік	[øʃpendilik]
odiar (vt)	жек көру	[ʒek køru]

nervoso	күйгелек	[kʉjgelek]
estar nervoso	абыржу	[abirʒu]
zangado	ашулы	[aʃuli]
zangar (vt)	ашуландыру	[aʃulandiru]

humilhação (f)	қорлаушылық	[qorlauʃiliq]
humilhar (vt)	қорлау	[qorlau]
humilhar-se (vr)	қорлану	[qorlanu]

| choque (m) | сандырақ | [sandiraq] |
| chocar (vt) | сандырақтау | [sandiraqtau] |

| aborrecimento (m) | жағымсыздық | [ʒaɣimsizdiq] |
| desagradável | жағымсыз | [ʒaɣimsiz] |

medo (m)	қорқыныш	[qorqiniʃ]
terrível (tempestade, etc.)	ғаламат	[ɣalamat]
assustador (ex. história ~a)	қорқынышты	[qorqiniʃti]

| horror (m) | қорқыныш | [qorqiniʃ] |
| horrível (crime, etc.) | қорқынышты | [qorqiniʃti] |

começar a tremer	дірілдеп кету	[dirildep ketu]
chorar (vi)	жылау	[ʒilau]
começar a chorar	жылай бастау	[ʒilaj bastau]
lágrima (f)	жас	[ʒas]

falta (f)	күнә, қате	[kʉnæ], [qate]
culpa (f)	күнә	[kʉnæ]
desonra (f)	масқара	[masqara]
protesto (m)	қарсылық	[qarsiliq]
stresse (m)	есеңгіреу	[eseŋgireu]

perturbar (vt)	мазалау	[mazalau]
zangar-se com ...	ызалану	[izalanu]
zangado	ашулы	[aʃuli]
terminar (vt)	доғару	[doɣaru]
praguejar	ұрысу	[urisu]

assustar-se	шошу	[ʃoʃu]
golpear (vt)	қағып жіберу	[qaɣip ʒiberu]
brigar (na rua, etc.)	төбелесу	[tøbelesu]

resolver (o conflito)	реттеу	[retteu]
descontente	наразы	[narazi]
furioso	қанарлы	[qanarli]

| Não está bem! | Бұл жақсы емес! | [bul ʒaqsi emes] |
| É mau! | Бұл жаман! | [bul ʒaman] |

Medicina

68. Doenças

doença (f)	науқас	[nauqas]
estar doente	науқастану	[nauqastanu]
saúde (f)	денсаулық	[densauliq]
nariz (m) a escorrer	тұмау	[tumau]
amigdalite (f)	ангина	[angina]
constipação (f)	суық тию	[suiq tiju]
constipar-se (vr)	суық тигізіп алу	[suiq tigizip alu]
bronquite (f)	бронхит	[bronhit]
pneumonia (f)	өкпенің талаурауы	[økpeniŋ talaurawi]
gripe (f)	тұмау	[tumau]
míope	алыстан көрмейтін	[alistan kørmejtin]
presbita	алыс көргіш	[alis kørgiʃ]
estrabismo (m)	шапыраш	[ʃapiraʃ]
estrábico	шапыраш	[ʃapiraʃ]
catarata (f)	шел	[ʃæl]
glaucoma (m)	глаукома	[glaukoma]
AVC (m), apoplexia (f)	инсульт	[insulʲt]
ataque (m) cardíaco	инфаркт	[infarkt]
enfarte (m) do miocárdio	миокард инфарктісі	[miokard infarktisi]
paralisia (f)	сал	[sal]
paralisar (vt)	сал болу	[sal bolu]
alergia (f)	аллергия	[allergija]
asma (f)	демікпе	[demikpe]
diabetes (f)	диабет	[diabet]
dor (f) de dentes	тіс ауруы	[tis aurui]
cárie (f)	тістотық	[tistotiq]
diarreia (f)	іш ауру	[iʃ auru]
prisão (f) de ventre	іш қату	[iʃ qatu]
desarranjo (m) intestinal	асқазанның бұзылуы	[asqazaniŋ buzilui]
intoxicação (f) alimentar	улану	[ulanu]
intoxicar-se	улану	[ulanu]
artrite (f)	шорбуын	[ʃorbuin]
raquitismo (m)	итауру	[itauru]
reumatismo (m)	ревматизм	[revmatizm]
arteriosclerose (f)	умытшақтық	[umitʃaqtiq]
gastrite (f)	гастрит	[gastrit]
apendicite (f)	аппендицит	[appenditsit]

| colecistite (f) | өт қабының қабынуы | [øt qabiniŋ qabinui] |
| úlcera (f) | ойық жара | [ojiq ʒara] |

sarampo (m)	қызылша	[qizilʃa]
rubéola (f)	қызамық	[qizamiq]
iterícia (f)	сарылық	[sariliq]
hepatite (f)	бауыр қабынуы	[bawir qabinui]

esquizofrenia (f)	шизофрения	[ʃizofrenija]
raiva (f)	құтырғандық	[qutiryandiq]
neurose (f)	невроз	[nevroz]
comoção (f) cerebral	ми шақалауы	[mi ʃaqalawi]

cancro (m)	бейдауа	[bejdawa]
esclerose (f)	склероз	[skleroz]
esclerose (f) múltipla	ұмытшақ склероз	[umitʃaq skleroz]

alcoolismo (m)	маскүнемдік	[maskunemdik]
alcoólico (m)	маскүнем	[maskunem]
sífilis (f)	сифилис	[sifilis]
SIDA (f)	ЖИТС	[ʒits]

tumor (m)	ісік	[isik]
febre (f)	безгек	[bezgek]
malária (f)	ұшық	[uʃiq]
gangrena (f)	гангрена	[gangrena]
enjoo (m)	теңіз ауруы	[teniz aurui]
epilepsia (f)	қояншық	[qojanʃiq]

epidemia (f)	жаппай ауру	[ʒappaj auru]
tifo (m)	кезік	[kezik]
tuberculose (f)	жегі	[ʒegi]
cólera (f)	тырысқақ	[tirisqaq]
peste (f)	мәлік	[mælik]

69. Sintomas. Tratamentos. Parte 1

sintoma (m)	белгі	[belgi]
temperatura (f)	дене қызымы	[dene qizimi]
febre (f)	ыстығы котерілу	[istiɣi koterilu]
pulso (m)	тамыр соғуы	[tamir soɣui]

vertigem (f)	бас айналу	[bas ajnalu]
quente (testa, etc.)	ыстық	[istiq]
calafrio (m)	қалтырау	[qaltirau]
pálido	еңсіз	[øŋsiz]

tosse (f)	жөтел	[ʒøtel]
tossir (vi)	жөтелу	[ʒøtelu]
espirrar (vi)	түшкіру	[tuʃkiru]
desmaio (m)	талу	[talu]
desmaiar (vi)	талып қалу	[talip qalu]
nódoa (f) negra	когелген ет	[kogelgen et]
galo (m)	томпақ	[tompaq]

magoar-se (vr)	ұрыну	[ʊrinu]
pisadura (f)	жарақат	[ʒaraqat]
aleijar-se (vr)	зақымдану	[zaqimdanu]

coxear (vi)	ақсаңдау	[aqsaŋdau]
deslocação (f)	буынын шығару	[buinin ʃiɣaru]
deslocar (vt)	шығып кету	[ʃiɣip ketu]
fratura (f)	сыну	[sinu]
fraturar (vt)	сындырып алу	[sindirip alu]

corte (m)	жара	[ʒara]
cortar-se (vr)	кесу	[kesu]
hemorragia (f)	қан кету	[qan ketu]

queimadura (f)	күйген жер	[kʉjgen ʒer]
queimar-se (vr)	күю	[kʉju]

picar (vt)	шаншу	[ʃanʃu]
picar-se (vr)	шаншылу	[ʃanʃilu]
lesionar (vt)	зақымдау	[zaqimdau]
lesão (m)	зақым	[zaqim]
ferida (f), ferimento (m)	жарақат	[ʒaraqat]
trauma (m)	жарақат	[ʒaraqat]

delirar (vi)	еліру	[eliru]
gaguejar (vi)	тұтығу	[tʊtiɣu]
insolação (f)	басынан күн өту	[basinan kʉn øtu]

70. Sintomas. Tratamentos. Parte 2

dor (f)	ауру	[auru]
farpa (no dedo)	тікен	[tiken]

suor (m)	тер	[ter]
suar (vi)	терлеу	[terleu]
vómito (m)	құсық	[qʊsiq]
convulsões (f pl)	түйілу	[tʉjilu]

grávida	жүкті	[ʒʉkti]
nascer (vi)	туу	[tuu]
parto (m)	босану	[bosanu]
dar à luz	босану	[bosanu]
aborto (m)	түсік	[tʉsik]

respiração (f)	дем	[dem]
inspiração (f)	дем тарту	[dem tartu]
expiração (f)	дем шығару	[dem ʃiɣaru]
expirar (vi)	дем шығару	[dem ʃiɣaru]
inspirar (vi)	дем тарту	[dem tartu]

inválido (m)	мүгедек	[mʉgedek]
aleijado (m)	мүгедек	[mʉgedek]
toxicodependente (m)	нашақор	[naʃaqor]
surdo	саңырау	[saŋirau]

mudo	мылқау	[mɨlqau]
surdo-mudo	керең-мылқау	[kereŋ mɨlqau]

louco (adj.)	есуас	[esuas]
louco (m)	жынды	[ʒɨndɨ]
louca (f)	жынды	[ʒɨndɨ]
ficar louco	ақылдан айрылу	[aqɨldan ajrɨlu]

gene (m)	ген	[gen]
imunidade (f)	иммунитет	[ɨmmunɨtet]
hereditário	мұралық	[mʊraliq]
congénito	туа біткен ауру	[tua bitken auru]

vírus (m)	вирус	[vɨrus]
micróbio (m)	микроб	[mɨkrob]
bactéria (f)	бактерия	[bakterɨja]
infeção (f)	індет	[indet]

71. Sintomas. Tratamentos. Parte 3

hospital (m)	емхана	[emhana]
paciente (m)	емделуші	[emdeluʃi]

diagnóstico (m)	диагноз	[dɨagnoz]
cura (f)	емдеу	[emdeu]
tratamento (m) médico	емдеу	[emdeu]
curar-se (vr)	емделу	[emdelu]
tratar (vt)	емдеу	[emdeu]
cuidar (pessoa)	бағып-қағу	[baɣip qaɣu]
cuidados (m pl)	бағып-қағу	[baɣip qaɣu]

operação (f)	операция	[operatsɨja]
enfaixar (vt)	матау	[matau]
enfaixamento (m)	таңу	[taŋu]

vacinação (f)	екпе	[ekpe]
vacinar (vt)	егу	[egu]
injeção (f)	шаншу	[ʃanʃu]
dar uma injeção	шаншу	[ʃanʃu]

amputação (f)	ампутация	[amputatsɨja]
amputar (vt)	ампутациялау	[amputatsɨjalau]
coma (f)	кома	[koma]
estar em coma	комада болу	[komada bolu]
reanimação (f)	реанимация	[reanɨmatsɨja]

recuperar-se (vr)	жазыла бастау	[ʒazila bastau]
estado (~ de saúde)	хал	[hal]
consciência (f)	ақыл-ой	[aqɨl oj]
memória (f)	ес	[es]

tirar (vt)	жұлу	[ʒulu]
chumbo (m), obturação (f)	пломба	[plomba]
chumbar, obturar (vt)	пломба салу	[plomba salu]

| hipnose (f) | гипноз | [gıpnoz] |
| hipnotizar (vt) | гипноздау | [gıpnozdau] |

72. Médicos

médico (m)	дәрігер	[dæriger]
enfermeira (f)	медбике	[medbıke]
médico (m) pessoal	жеке дәрігер	[ʒeke dæriger]

dentista (m)	тіс дәрігері	[tis dærigeri]
oculista (m)	көз дәрігері	[køz dærigeri]
terapeuta (m)	терапевт	[terapevt]
cirurgião (m)	хирург	[hırurg]

psiquiatra (m)	психиатр	[psıhıatr]
pediatra (m)	педиатр	[pedıatr]
psicólogo (m)	психолог	[psıholog]
ginecologista (m)	гинеколог	[gınekolog]
cardiologista (m)	кардиолог	[kardıolog]

73. Medicina. Drogas. Acessórios

medicamento (m)	дәрі	[dæri]
remédio (m)	дауа	[dawa]
receitar (vt)	дәрі жазып беру	[dæri ʒazip beru]
receita (f)	рецепт	[retsept]

comprimido (m)	дәрі	[dæri]
pomada (f)	май	[maj]
ampola (f)	ампула	[ampula]
preparado (m)	микстура	[mıkstura]
xarope (m)	шәрбат	[ʃærbat]
cápsula (f)	домалақ дәрі	[domalaq dæri]
remédio (m) em pó	ұнтақ	[untaq]

ligadura (f)	бинт	[bınt]
algodão (m)	мақта	[maqta]
iodo (m)	йод	[jod]
penso (m) rápido	лейкопластырь	[lejkoplastirʲ]
conta-gotas (m)	тамызғыш	[tamizɣıʃ]
termómetro (m)	градусник	[gradusnık]
seringa (f)	шприц	[ʃprits]

| cadeira (f) de rodas | мүгедек күймесі | [mʉgedek kʉjmesi] |
| muletas (f pl) | балдақтар | [baldaqtar] |

analgésico (m)	ауыруды сездірмейтін дәрі	[awirudi sezdirmejtin dæri]
laxante (m)	іш өткізгіш дәрі	[iʃ øtkizgiʃ dæri]
álcool (m) etílico	спирт	[spırt]
ervas (f pl) medicinais	шөп	[ʃøp]
de ervas (chá ~)	шөпті	[ʃøpti]

74. Fumar. Produtos tabágicos

tabaco (m)	темекі	[temeki]
cigarro (m)	шылым	[ʃɪlɪm]
charuto (m)	сигара	[sɪgara]
cachimbo (m)	трубка	[trubka]
maço (~ de cigarros)	десте	[deste]
fósforos (m pl)	сіріңке	[siriŋke]
caixa (f) de fósforos	сіріңке қорабы	[siriŋke qorabɪ]
isqueiro (m)	оттық	[ottɪq]
cinzeiro (m)	күлдеуіш	[kʉldewiʃ]
cigarreira (f)	портсигар	[portsɪgar]
boquilha (f)	мүштік	[mʉʃtik]
filtro (m)	сүзгіш	[sʉzgiʃ]
fumar (vi, vt)	шылым тарту	[ʃɪlɪm tartu]
acender um cigarro	шылым тарту	[ʃɪlɪm tartu]
tabagismo (m)	темекі тарту	[temeki tartu]
fumador (m)	шылымқұмар	[ʃɪlɪmqʊmar]
beata (f)	тұқыл	[tʊqɪl]
fumo (m)	түтін	[tʉtin]
cinza (f)	күл	[kʉl]

HABITAT HUMANO

Cidade

75. Cidade. Vida na cidade

cidade (f)	қала	[qala]
capital (f)	астана	[astana]
aldeia (f)	ауыл	[awïl]
mapa (m) da cidade	қаланың жоспары	[qalanïŋ ʒospari]
centro (m) da cidade	қаланың орталығы	[qalanïŋ ortaliɣi]
subúrbio (m)	қала маңы	[qala maŋi]
suburbano	қала маңайы	[qala maŋaji]
periferia (f)	түкпір	[tukpir]
arredores (m pl)	айнала-төңірек	[ajnalatøŋirek]
quarteirão (m)	квартал	[kvartal]
quarteirão (m) residencial	тұрғын квартал	[turɣin kvartal]
tráfego (m)	жүріс	[ʒuris]
semáforo (m)	бағдаршам	[baɣdarʃam]
transporte (m) público	қала көлігі	[qala køligi]
cruzamento (m)	жол торабы	[ʒol torabi]
passadeira (f)	өтпелі	[øtpeli]
passagem (f) subterrânea	жерасты өтпе жолы	[ʒerasti øtpe ʒoli]
cruzar, atravessar (vt)	өту	[øtu]
peão (m)	жаяу	[ʒajau]
passeio (m)	жаяулар жүретін жол	[ʒajaular ʒuretin ʒol]
ponte (f)	көпір	[køpir]
margem (f) do rio	жағалау	[ʒaɣalau]
alameda (f)	саяжол	[sajaʒol]
parque (m)	саябақ	[sajabaq]
bulevar (m)	бульвар	[bulʲvar]
praça (f)	алаң	[alaŋ]
avenida (f)	даңғыл	[daŋɣil]
rua (f)	көше	[køʃæ]
travessa (f)	тұйық көше	[tujiq køʃæ]
beco (m) sem saída	тұйық	[tujiq]
casa (f)	үй	[uj]
edifício, prédio (m)	ғимарат	[ɣïmarat]
arranha-céus (m)	зеңгір үй	[zeŋgir uj]
fachada (f)	фасад	[fasad]
telhado (m)	шатыр	[ʃatir]

73

janela (f)	терезе	[tereze]
arco (m)	дарбаза	[darbaza]
coluna (f)	колонна	[kolona]
esquina (f)	бұрыш	[buriʃ]

montra (f)	кѳрме	[kørme]
letreiro (m)	маңдайша жазу	[maŋdajʃa ʒazu]
cartaz (m)	жарқағаз	[ʒarqaɣaz]
cartaz (m) publicitário	жарнамалық плакат	[ʒarnamaliq plakat]
painel (m) publicitário	жарнама қалқаны	[ʒarnama qalqani]

lixo (m)	қоқым-соқым	[qoqim soqim]
cesta (f) do lixo	қоқыс салатын урна	[qoqis salatin urna]
jogar lixo na rua	қоқыту	[qoqitu]
aterro (m) sanitário	қоқыс тастайтын жер	[qoqis tastajtin ʒer]

cabine (f) telefónica	телефон будкасі	[telefon budkasi]
candeeiro (m) de rua	фонарь бағанасы	[fonarʲ baɣanasi]
banco (m)	орындық	[orindiq]

polícia (m)	полицей	[poliʦej]
polícia (instituição)	полиция	[poliʦija]
mendigo (m)	қайыршы	[qajirʃi]
sem-abrigo (m)	үйсіз	[ʉjsiz]

76. Instituições urbanas

loja (f)	дүкен	[duken]
farmácia (f)	дәріхана	[dærihana]
ótica (f)	оптика	[optika]
centro (m) comercial	сауда орталығы	[sauda ortaliɣi]
supermercado (m)	супермаркет	[supermarket]

padaria (f)	тоқаш сататын дүкен	[toqaʃ satatin duken]
padeiro (m)	наубайшы	[naubajʃi]
pastelaria (f)	кондитер	[konditer]
mercearia (f)	бакалея	[bakaleja]
talho (m)	ет дүкені	[et dukeni]

| loja (f) de legumes | кѳкѳнісдүкені | [køkønisdukeni] |
| mercado (m) | нарық | [nariq] |

café (m)	кафе	[kafe]
restaurante (m)	мейрамхана	[mejramhana]
bar (m), cervejaria (f)	сырахана	[sirahana]
pizzaria (f)	пиццерия	[piʦserija]

salão (m) de cabeleireiro	шаштараз	[ʃaʃtaraz]
correios (m pl)	пошта	[poʃta]
lavandaria (f)	химиялық тазалау	[himijaliq tazalau]
estúdio (m) fotográfico	фотосурет шеберханасы	[fotosuret ʃæberhanasi]

| sapataria (f) | аяқ киім дүкені | [ajaq kiim dukeni] |
| livraria (f) | кітап дүкені | [kitap dukeni] |

loja (f) de artigos de desporto	спорт дүкені	[sport dʉkeni]
reparação (f) de roupa	киім жөндеу	[kıim ʒøndeu]
aluguer (m) de roupa	киімді жалға беру	[kiimdi ʒalɣa beru]
aluguer (m) de filmes	фильмді жалға беру	[fılʲmdi ʒalɣa beru]
circo (m)	цирк	[tsırk]
jardim (m) zoológico	айуанаттар паркі	[ajuanattar parki]
cinema (m)	кинотеатр	[kınoteatr]
museu (m)	музей	[muzej]
biblioteca (f)	кітапхана	[kitaphana]
teatro (m)	театр	[teatr]
ópera (f)	опера	[opera]
clube (m) noturno	түнгі клуб	[tʉngi klub]
casino (m)	казино	[kazıno]
mesquita (f)	мешіт	[meʃit]
sinagoga (f)	синагога	[sınagoga]
catedral (f)	кесене	[kesene]
templo (m)	ғибадатхана	[ɣıbadathana]
igreja (f)	шіркеу	[ʃirkeu]
instituto (m)	институт	[ınstıtut]
universidade (f)	университет	[unıversıtet]
escola (f)	мектеп	[mektep]
prefeitura (f)	әкімшілік	[ækimʃilik]
câmara (f) municipal	әкімдік	[ækimdik]
hotel (m)	қонақ үй	[qonaq ʉj]
banco (m)	банк	[bank]
embaixada (f)	елшілік	[elʃilik]
agência (f) de viagens	туристік агенттік	[turıstik agenttik]
agência (f) de informações	анықтама бюросы	[aniqtama bjurosi]
casa (f) de câmbio	айырбас пункті	[ajirbas punkti]
metro (m)	метро	[metro]
hospital (m)	емхана	[emhana]
posto (m) de gasolina	жанармай	[ʒanarmaj]
parque (m) de estacionamento	тұрақ	[tʉraq]

77. Transportes urbanos

autocarro (m)	автобус	[avtobus]
elétrico (m)	трамвай	[tramvaj]
troleicarro (m)	троллейбус	[trollejbus]
itinerário (m)	бағдар	[baɣdar]
número (m)	нөмір	[nømir]
ir de … (carro, etc.)	… бару	[baru]
entrar (~ no autocarro)	отыру	[otiru]
descer de …	шығу	[ʃiɣu]
paragem (f)	аялдама	[ajaldama]

75

próxima paragem (f)	келесі аялдама	[kelesi ajaldama]
ponto (m) final	соңғы аялдама	[soŋɣi ajaldama]
horário (m)	кесте	[keste]
esperar (vt)	тосу	[tosu]

| bilhete (m) | билет | [bɪlet] |
| custo (m) do bilhete | билеттің құны | [bɪlettiŋ qʊni] |

bilheteiro (m)	кассир	[kassɪr]
controlo (m) dos bilhetes	бақылау	[baqɨlau]
revisor (m)	бақылаушы	[baqɨlauʃi]

atrasar-se (vr)	кешігу	[keʃigu]
perder (o autocarro, etc.)	кешігу	[keʃigu]
estar com pressa	асығу	[asɨɣu]

táxi (m)	такси	[taksɪ]
taxista (m)	таксист	[taksɪst]
de táxi (ir ~)	таксимен	[taksɪmen]
praça (f) de táxis	такси тұрағы	[taksɪ tʊraɣi]
chamar um táxi	такси жалдау	[taksɪ ʒaldau]
apanhar um táxi	такси жалдау	[taksɪ ʒaldau]

tráfego (m)	көше қозғалысы	[køʃæ qozɣalisi]
engarrafamento (m)	тығын	[tiɣin]
horas (f pl) de ponta	қарбалас сағаттары	[qarbalas saɣattari]
estacionar (vi)	көлікті қою	[kølikti qoju]
estacionar (vt)	көлікті қою	[kølikti qoju]
parque (m) de estacionamento	тұрақ	[tʊraq]

metro (m)	метро	[metro]
estação (f)	бекет	[beket]
ir de metro	метромен жүру	[metromen ʒʊru]
comboio (m)	пойыз	[pojiz]
estação (f)	вокзал	[vokzal]

78. Turismo

monumento (m)	ескерткіш	[eskertkiʃ]
fortaleza (f)	қамал	[qamal]
palácio (m)	сарай	[saraj]
castelo (m)	сарай	[saraj]
torre (f)	мұнара	[mʊnara]
mausoléu (m)	мазар	[mazar]

arquitetura (f)	сәулет	[sæulet]
medieval	орта ғасырлы	[orta ɣasirli]
antigo	ескі	[eski]
nacional	ұлттық	[ʊlttiq]
conhecido	атаулы	[atauli]

turista (m)	турист	[turɪst]
guia (pessoa)	гид	[gid]
excursão (f)	экскурсия	[ɛkskursɪja]

| mostrar (vt) | көрсету | [kørsetu] |
| contar (vt) | әңгімелеу | [æŋgimeleu] |

encontrar (vt)	табу	[tabu]
perder-se (vr)	жоғалу	[ʒoɣalu]
mapa (~ do metrô)	схема	[shema]
mapa (~ da cidade)	жоспар	[ʒospar]

lembrança (f), presente (m)	базарлық	[bazarlïq]
loja (f) de presentes	базарлық дукені	[bazarlïq dukeni]
fotografar (vt)	суретке түсіру	[suretke tüsiru]
fotografar-se	суретке түсу	[suretke tüsu]

79. Compras

comprar (vt)	сатып алу	[satïp alu]
compra (f)	сатып алынған зат	[satïp alïnɣan zat]
fazer compras	сауда жасау	[sauda ʒasau]
compras (f pl)	шоппинг	[ʃoppïng]

| estar aberta (loja, etc.) | жұмыс істеу | [ʒumïs isteu] |
| estar fechada | жабылу | [ʒabïlu] |

calçado (m)	аяқ киім	[ajaq kïim]
roupa (f)	киім	[kïim]
cosméticos (m pl)	косметика	[kosmetïka]
alimentos (m pl)	азық-түлік	[azïq tülik]
presente (m)	сыйлық	[sïjlïq]

| vendedor (m) | сатушы | [satuʃï] |
| vendedora (f) | сатушы | [satuʃï] |

caixa (f)	касса	[kassa]
espelho (m)	айна	[ajna]
balcão (m)	сатушы сөресі	[satuʃï søresi]
cabine (f) de provas	киіну бөлмесі	[kïinu bølmesi]

provar (vt)	шақтап көру	[ʃaqtap køru]
servir (vi)	жарасу	[ʒarasu]
gostar (apreciar)	ұнау	[unau]

preço (m)	баға	[baɣa]
etiqueta (f) de preço	бағалық	[baɣalïq]
custar (vt)	тұру	[turu]
Quanto?	Қанша?	[qanʃa]
desconto (m)	шегерім	[ʃægerim]

não caro	қымбат емес	[qïmbat emes]
barato	арзан	[arzan]
caro	қымбат	[qïmbat]
É caro	бұл қымбат	[bul qïmbat]

| aluguer (m) | жалға беру | [ʒalɣa beru] |
| alugar (vestidos, etc.) | жалға алу | [ʒalɣa alu] |

crédito (m)	несие	[nesıe]
a crédito	несиеге	[nesıege]

80. Dinheiro

dinheiro (m)	ақша	[aqʃa]
câmbio (m)	айырбастау	[ajırbastau]
taxa (f) de câmbio	курс	[kurs]
Caixa Multibanco (m)	банкомат	[bankomat]
moeda (f)	тиын	[tıin]

dólar (m)	доллар	[dollar]
euro (m)	еуро	[euro]

lira (f)	лира	[lıra]
marco (m)	марка	[marka]
franco (m)	франк	[frank]
libra (f) esterlina	фунт-стерлинг	[funt sterlıng]
iene (m)	йена	[jena]

dívida (f)	қарыз	[qariz]
devedor (m)	қарыздар	[qarizdar]
emprestar (vt)	қарызға беру	[qarizɣa beru]
pedir emprestado	қарызға алу	[qarizɣa alu]

banco (m)	банкі	[banki]
conta (f)	шот	[ʃot]
depositar na conta	шотқа салу	[ʃotqa salu]
levantar (vt)	шоттан шығару	[ʃottan ʃiɣaru]

cartão (m) de crédito	кредиттік карта	[kredıttik karta]
dinheiro (m) vivo	қолма-қол ақша	[qolma qol aqʃa]
cheque (m)	чек	[tʃek]
passar um cheque	чек жазу	[tʃek ʒazu]
livro (m) de cheques	чек кітапшасы	[tʃek kitapʃasi]

carteira (f)	әмиян	[æmıjan]
porta-moedas (m)	әмиян	[æmıjan]
cofre (m)	жағдан	[ʒaɣdan]

herdeiro (m)	мұрагер	[murager]
herança (f)	мұра	[mura]
fortuna (riqueza)	дәулет	[dæulet]

arrendamento (m)	жалгерлік	[ʒalgerlik]
renda (f) de casa	пәтер ақы	[pæter aqi]
alugar (vt)	жалға алу	[ʒalɣa alu]

preço (m)	баға	[baɣa]
custo (m)	баға	[baɣa]
soma (f)	сома	[soma]

gastar (vt)	шығын қылу	[ʃiɣin qilu]
gastos (m pl)	шығындар	[ʃiɣindar]

| economizar (vi) | үнемдеу | [ʉnemdeu] |
| economico | үнемді | [ʉnemdi] |

pagar (vt)	төлеу	[tøleu]
pagamento (m)	төлем-ақы	[tølem aqi]
troco (m)	қайыру	[qajiru]

imposto (m)	салық	[saliq]
multa (f)	айыппұл	[ajippʊl]
multar (vt)	айып салу	[ajip salu]

81. Correios. Serviço postal

correios (m pl)	пошта	[poʃta]
correio (m)	пошта, хат және	[poʃta], [hat ʒæne]
carteiro (m)	пошташы	[poʃtaʃi]
horário (m)	жұмыс сағаттары	[ʒʊmis saɣattari]

carta (f)	хат	[hat]
carta (f) registada	тапсырыс хат	[tapsiris hat]
postal (m)	ашық хат	[aʃiq hat]
telegrama (m)	жеделхат	[ʒedelhat]
encomenda (f) postal	сәлемдеме	[sælemdeme]
remessa (f) de dinheiro	ақша аударылымы	[aqʃa audarilimi]

receber (vt)	алу	[alu]
enviar (vt)	жіберу	[ʒiberu]
envio (m)	жөнелту	[ʒøneltu]

endereço (m)	мекен жай	[meken ʒaj]
código (m) postal	индекс	[ındeks]
remetente (m)	жөнелтуші	[ʒøneltuʃi]
destinatário (m)	алушы	[aluʃi]

| nome (m) | ат | [at] |
| apelido (m) | фамилия | [famılıja] |

tarifa (f)	тариф	[tarıf]
ordinário	кәдімгі	[kædimgi]
economico	үнемді	[ʉnemdi]

peso (m)	салмақ	[salmaq]
pesar (estabelecer o peso)	өлшеу	[ølʃæu]
envelope (m)	конверт	[konvert]
selo (m)	марка	[marka]

Moradia. Casa. Lar

82. Casa. Habitação

casa (f)	үй	[ʉj]
em casa	үйде	[ʉjde]
pátio (m)	аула	[aula]
cerca (f)	дуал	[dual]
tijolo (m)	кірпіш	[kirpiʃ]
de tijolos	кірпіш	[kirpiʃ]
pedra (f)	тас	[tas]
de pedra	тас	[tas]
betão (m)	бетон	[beton]
de betão	бетон	[beton]
novo	жаңа	[ʒaŋa]
velho	ескі	[eski]
decrépito	тозған	[tozɣan]
moderno	қазіргі	[qazirgi]
de muitos andares	көп қабатты	[køp qabatti]
alto	биік	[bɪik]
andar (m)	қабат	[qabat]
de um andar	бір қабатты	[bir qabatti]
andar (m) de baixo	төменгі қабат	[tømengi qabat]
andar (m) de cima	жоғарғы қабат	[ʒoɣarɣi qabat]
telhado (m)	шатыр	[ʃatɪr]
chaminé (f)	мұржа	[mʊrʒa]
telha (f)	жабынқыш	[ʒabɪnqiʃ]
de telha	жабынқышты	[ʒabɪnqiʃti]
sótão (m)	шатырдың асты	[ʃatɪrdɪŋ asti]
janela (f)	терезе	[tereze]
vidro (m)	әйнек	[æjnek]
parapeito (m)	терезенің алды	[terezeniŋ aldi]
portadas (f pl)	терезе жапқыш	[tereze ʒapqiʃ]
parede (f)	қабырға	[qabɪrɣa]
varanda (f)	балкон	[balkon]
tubo (m) de queda	су ағатын құбыр	[su aɣatin qʊbir]
em cima	жоғарыда	[ʒoɣarida]
subir (~ as escadas)	көтерілу	[køterilu]
descer (vi)	төмендеу	[tømendeu]
mudar-se (vr)	көшу	[køʃu]

83. Casa. Entrada. Elevador

entrada (f)	подъезд	[pod'ezd]
escada (f)	саты	[sati]
degraus (m pl)	баспалдақ	[baspaldaq]
corrimão (m)	сүйеніш	[sʉjeniʃ]
hall (m) de entrada	холл	[holl]
caixa (f) de correio	почта жәшігі	[potʃta ʒæʃigi]
caixote (m) do lixo	қоқыс бағы	[qoqɨs bagi]
conduta (f) do lixo	қоқыс салғыш	[qoqɨs salɣɨʃ]
elevador (m)	жеделсаты	[ʒedelsati]
elevador (m) de carga	жүк лифті	[ʒʉk lɪfti]
cabine (f)	кабина	[kabɪna]
pegar o elevador	лифтпен жүру	[lɪftpen ʒʉru]
apartamento (m)	пәтер	[pæter]
moradores (m pl)	тұрғындар	[tʊrɣɨndar]
vizinhos (pl)	көршілер	[kørʃi ler]

84. Casa. Portas. Fechaduras

porta (f)	есік	[esik]
portão (m)	қақпа	[qaqpa]
maçaneta (f)	тұтқа	[tʊtqa]
destrancar (vt)	ашу	[aʃu]
abrir (vt)	ашу	[aʃu]
fechar (vt)	жабу	[ʒabu]
chave (f)	кілт	[kilt]
molho (m)	бір бау кілт	[bir bau kilt]
ranger (vi)	сықырлау	[sɨqɨrlau]
rangido (m)	сытыр	[sɨtir]
dobradiça (f)	топса	[topsa]
tapete (m) de entrada	алаша	[alaʃa]
fechadura (f)	құлып	[qʊlip]
buraco (m) da fechadura	құлыптың саңылауы	[qʊliptiŋ saŋilawi]
ferrolho (m)	ысырма	[isɪrma]
fecho (ferrolho pequeno)	ысырма	[isɪrma]
cadeado (m)	құлып	[qʊlip]
tocar (vt)	дыңылдату	[diŋildatu]
toque (m)	қоңырау	[qoŋirau]
campainha (f)	қоңырау	[qoŋirau]
botão (m)	түйме	[tʉjme]
batida (f)	тарсыл	[tarsil]
bater (vi)	дүңкілдету	[dʉŋkildetu]
código (m)	код	[kod]
fechadura (f) de código	кодты құлып	[kodti qʊlip]
telefone (m) de porta	домофон	[domofon]

número (m)	нөмір	[nømir]
placa (f) de porta	тақтайша	[taqtajʃa]
vigia (f), olho (m) mágico	көзек	[køzek]

85. Casa de campo

aldeia (f)	ауыл	[awil]
horta (f)	бақша	[baqʃa]
cerca (f)	дуал	[dual]
paliçada (f)	ағаш шарбақ	[aɣaʃ ʃarbaq]
cancela (f) do jardim	қақпа	[qaqpa]

celeiro (m)	қамба	[qamba]
adega (f)	жерқойма	[ʒerqojma]
galpão, barracão (m)	қора	[qora]
poço (m)	құдық	[qʊdiq]

fogão (m)	пеш	[peʃ]
atiçar o fogo	от жағу	[ot ʒaɣu]
lenha (carvão ou ~)	отын	[otin]
acha (lenha)	шөрке	[ʃørke]

varanda (f)	дәліз	[dæliz]
alpendre (m)	терраса	[terrasa]
degraus (m pl) de entrada	есік алды	[esik aldi]
balouço (m)	әткеншек	[ætkenʃek]

86. Castelo. Palácio

castelo (m)	сарай	[saraj]
palácio (m)	сарай	[saraj]
fortaleza (f)	қамал	[qamal]
muralha (f)	қабырға	[qabirɣa]
torre (f)	мұнара	[mʊnara]
calabouço (m)	бас мунара	[bas munara]

grade (f) levadiça	көтермелі қақпа	[køtermeli qaqpa]
passagem (f) subterrânea	жер асты өтпесі	[ʒer asti øtpesi]
fosso (m)	ор	[or]
corrente, cadeia (f)	шынжыр	[ʃinʒir]
seteira (f)	атыс ойығы	[atis ojiɣi]
magnífico	керемет	[keremet]
majestoso	айбынды	[ajbindi]
inexpugnável	асқар	[asqar]
medieval	орта ғасырлық	[orta ɣasirliq]

87. Apartamento

| apartamento (m) | пәтер | [pæter] |
| quarto (m) | бөлме | [bølme] |

quarto (m) de dormir	жатаржай	[ʒatarʒaj]
sala (f) de jantar	асхана	[ashana]
sala (f) de estar	қонақхана	[qonaqhana]
escritório (m)	кабинет	[kabınet]

antessala (f)	ауыз үй	[awiz ʉj]
quarto (m) de banho	жуынатын бөлме	[ʒuinatin bølme]
toilette (lavabo)	әжетхана	[æʒethana]

teto (m)	төбе	[tøbe]
chão, soalho (m)	еден	[eden]
canto (m)	бөлменің бұрышы	[bølmeniŋ buriʃi]

88. Apartamento. Limpeza

arrumar, limpar (vt)	үй ішін жинастыру	[ʉj iʃin ʒınastiru]
guardar (no armário, etc.)	жинау	[ʒınau]
pó (m)	шаң	[ʃaŋ]
empoeirado	шаңданған	[ʃaŋdanɣan]
limpar o pó	шаңды сүрту	[ʃaŋdi sʉrtu]
aspirador (m)	шаңсорғыш	[ʃaŋsorɣiʃ]
aspirar (vt)	шаңсорғыштау	[ʃaŋsorɣiʃtau]

varrer (vt)	сыпыру	[sipiru]
sujeira (f)	қоқым-соқым	[qoqim soqim]
arrumação (f), ordem (f)	рет	[ret]
desordem (f)	ретсіздік	[retsizdik]

esfregão (m)	швабра	[ʃvabra]
pano (m), trapo (m)	шүберек	[ʃʉberek]
vassoura (f)	сыпырғыш	[sipirɣiʃ]
pá (f) de lixo	әкендоз	[ækendoz]

89. Mobiliário. Interior

mobiliário (m)	жиһаз	[ʒıhaz]
mesa (f)	үстел	[ʉstel]
cadeira (f)	орындық	[orindiq]
cama (f)	төсек	[tøsek]
divã (m)	диван	[dıvan]
cadeirão (m)	кресло	[kreslo]

estante (f)	шкаф	[ʃkaf]
prateleira (f)	өре	[øre]

guarda-vestidos (m)	шкаф	[ʃkaf]
cabide (m) de parede	ілгіш	[ilgiʃ]
cabide (m) de pé	ілгіш	[ilgiʃ]

cómoda (f)	комод	[komod]
mesinha (f) de centro	шағын үстелше	[ʃaɣin ʉstelʃæ]
espelho (m)	айна	[ajna]

tapete (m)	кілем	[kilem]
tapete (m) pequeno	кілемше	[kilemʃæ]
lareira (f)	камин	[kamɪn]
vela (f)	шырақ	[ʃiraq]
castiçal (m)	шамдал	[ʃamdal]
cortinas (f pl)	перде	[perde]
papel (m) de parede	түсқағаз	[tʉsqaɣaz]
estores (f pl)	жалюзи	[ʒaljuzɪ]
candeeiro (m) de mesa	үстел шамы	[ʉstel ʃami]
candeeiro (m) de parede	шырақ	[ʃiraq]
candeeiro (m) de pé	сәнсәуле	[sænsæule]
lustre (m)	люстра	[ljustra]
pé (de mesa, etc.)	аяқ	[ajaq]
braço (m)	шынтақша	[ʃintaqʃa]
costas (f pl)	арқалық	[arqaliq]
gaveta (f)	жәшік	[ʒæʃik]

90. Quarto de dormir

roupa (f) de cama	төсек-орын жабдығы	[tøsek orin ʒabdiɣi]
almofada (f)	жастық	[ʒastiq]
fronha (f)	жастық тысы	[ʒastiq tisi]
cobertor (m)	көрпе	[kørpe]
lençol (m)	ақжайма	[aqʒajma]
colcha (f)	жамылғы	[ʒamilɣi]

91. Cozinha

cozinha (f)	асүй	[asʉj]
gás (m)	газ	[gaz]
fogão (m) a gás	газ плитасы	[gaz plitasi]
fogão (m) elétrico	электр плитасы	[ɛlektr plitasi]
forno (m)	духовка	[duhovka]
forno (m) de micro-ondas	шағын толқынды пеш	[ʃaɣin tolqindi peʃ]
frigorífico (m)	тоңазытқыш	[toŋazitqiʃ]
congelador (m)	мұздатқыш	[mʊzdatqiʃ]
máquina (f) de lavar louça	ыдыс-аяқ жуу машинасы	[idis ajaq ʒuu maʃinasi]
moedor (m) de carne	еттартқыш	[ettartqiʃ]
espremedor (m)	шырынсыққыш	[ʃirinsiqqiʃ]
torradeira (f)	тостер	[toster]
batedeira (f)	миксер	[mikser]
máquina (f) de café	кофеқайнатқы	[kofeqajnatqi]
cafeteira (f)	кофе шәйнек	[kofe ʃæjnek]
moinho (m) de café	кофе ұнтақтағыш	[kofe untaqtaɣiʃ]
chaleira (f)	шәйнек	[ʃæjnek]

bule (m)	шәйнек	[ʃæjnek]
tampa (f)	жапқыш	[ʒapqiʃ]
coador (m) de chá	сүзгі	[suzgi]

colher (f)	қасық	[qasiq]
colher (f) de chá	шай қасық	[ʃaj qasiq]
colher (f) de sopa	ас қасық	[as qasiq]
garfo (m)	шанышқы	[ʃaniʃqi]
faca (f)	пышақ	[piʃaq]

louça (f)	ыдыс	[idis]
prato (m)	тәрелке	[tærelke]
pires (m)	табақша	[tabaqʃa]

cálice (m)	рөмке	[rømke]
copo (m)	стақан	[staqan]
chávena (f)	шыныаяқ	[ʃiniajaq]

açucareiro (m)	қантсалғыш	[qantsalɣiʃ]
saleiro (m)	тұз сауыт	[tuz sawit]
pimenteiro (m)	бұрыш салғыш	[buriʃ salɣiʃ]
manteigueira (f)	майсауыт	[majsawit]

panela, caçarola (f)	кастрөл	[kastrøl]
frigideira (f)	таба	[taba]
concha (f)	ожау	[oʒau]
passador (m)	сүзекі	[suzeki]
bandeja (f)	табақ	[tabaq]

garrafa (f)	бөтелке	[bøtelke]
boião (m) de vidro	банкі	[banki]
lata (f)	банкі	[banki]

abre-garrafas (m)	ашқыш	[aʃqiʃ]
abre-latas (m)	ашқыш	[aʃqiʃ]
saca-rolhas (m)	бұранда	[buranda]
filtro (m)	сүзгіш	[suzgiʃ]
filtrar (vt)	сүзу	[suzu]

| lixo (m) | қоқым-соқым | [qoqim soqim] |
| balde (m) do lixo | қоқыс шелегі | [qoqis ʃælegi] |

92. Casa de banho

quarto (m) de banho	жуынатын бөлме	[ʒuinatin bølme]
água (f)	су	[su]
torneira (f)	шүмек	[ʃumek]
água (f) quente	ыстық су	[istiq su]
água (f) fria	суық су	[suiq su]

pasta (f) de dentes	тіс пастасы	[tis pastasi]
escovar os dentes	тіс тазалау	[tis tazalau]
barbear-se (vr)	қырыну	[qirinu]
espuma (f) de barbear	қырынуға арналған көбік	[qirinuɣa arnalɣan købik]

máquina (f) de barbear	ұстара	[ʊstara]
lavar (vt)	жуу	[ʒuu]
lavar-se (vr)	жуыну	[ʒuіnu]
duche (m)	душ	[duʃ]
tomar um duche	душқа түсу	[duʃqa tʉsu]

banheira (f)	ванна	[vana]
sanita (f)	унитаз	[unіtaz]
lavatório (m)	раковина	[rakovіna]

sabonete (m)	сабын	[sabіn]
saboneteira (f)	сабын салғыш	[sabіn salɣіʃ]

esponja (f)	губка	[gubka]
champô (m)	сусабын	[susabіn]
toalha (f)	орамал	[oramal]
roupão (m) de banho	шапан	[ʃapan]

lavagem (f)	кір жуу	[kir ʒuu]
máquina (f) de lavar	кіржуғыш машина	[kirʒuɣіʃ maʃіna]
lavar a roupa	кір жуу	[kir ʒuu]
detergente (m)	кір жуу ұнтағы	[kir ʒuu untaɣі]

93. Eletrodomésticos

televisor (m)	теледидар	[teledіdar]
gravador (m)	магнитофон	[magnіtofon]
videogravador (m)	бейнемагнитофон	[bejnemagnіtofon]
rádio (m)	қабылдағыш	[qabіldaɣіʃ]
leitor (m)	плеер	[pleer]

projetor (m)	бейне проекторы	[bejne proektorі]
cinema (m) em casa	үй кинотеатры	[ʉj kіnoteatrі]
leitor (m) de DVD	DVD ойнатқыш	[dividi ojnatqіʃ]
amplificador (m)	күшейткіш	[kʉʃæjtkіʃ]
console (f) de jogos	ойын қосымшасы	[ojіn qosіmʃasі]

câmara (f) de vídeo	бейнекамера	[bejnekamera]
máquina (f) fotográfica	фотоаппарат	[fotoapparat]
câmara (f) digital	цифрлы фотоаппарат	[tsіfrlі fotoapparat]

aspirador (m)	шаңсорғыш	[ʃaŋsorɣіʃ]
ferro (m) de engomar	үтік	[ʉtik]
tábua (f) de engomar	үтіктеу тақтасы	[ʉtikteu taqtasі]

telefone (m)	телефон	[telefon]
telemóvel (m)	ұялы телефон	[ujalі telefon]
máquina (f) de escrever	жазу машинкасы	[ʒazu maʃіnkasі]
máquina (f) de costura	тігін машинкасы	[tigin maʃіnkasі]

microfone (m)	микрофон	[mіkrofon]
auscultadores (m pl)	құлаққап	[qʊlaqqap]
controlo remoto (m)	пульт	[pulʲt]
CD (m)	CD, компакт-дискі	[si di], [kompakt dіskі]

| cassete (f) | кассета | [kasseta] |
| disco (m) de vinil | пластинка | [plastınka] |

94. Reparações. Renovação

renovação (f)	жөндеу	[ʒøndeu]
renovar (vt), fazer obras	жөндеу	[ʒøndeu]
reparar (vt)	жөндеу	[ʒøndeu]
consertar (vt)	тәртіпке келтіру	[tærtipke keltiru]
refazer (vt)	қайта істеу	[qajta isteu]

tinta (f)	бояу	[bojau]
pintar (vt)	бояу	[bojau]
pintor (m)	майлаушы	[majlauʃi]
pincel (m)	бояу жаққыш	[bojau ʒaqqiʃ]

| cal (f) | ағарту | [aɣartu] |
| caiar (vt) | ағарту | [aɣartu] |

papel (m) de parede	тұсқағаз	[tʊsqaɣaz]
colocar papel de parede	тұсқағазбен желімдеу	[tʊsqaɣazben ʒelimdeu]
verniz (m)	лак	[lak]
envernizar (vt)	лакпен қаптау	[lakpen qaptau]

95. Canalizações

água (f)	су	[su]
água (f) quente	ыстық су	[istiq su]
água (f) fria	суық су	[suiq su]
torneira (f)	шүмек	[ʃʊmek]

gota (f)	тамшы	[tamʃi]
gotejar (vi)	тамшылау	[tamʃilau]
vazar (vt)	ағу	[aɣu]

| vazamento (m) | ағу | [aɣu] |
| poça (f) | шалшық | [ʃalʃiq] |

tubo (m)	құбыр	[qʊbir]
válvula (f)	вентиль	[ventilʲ]
entupir-se (vr)	бітеліп қалу	[bitelip qalu]

| ferramentas (f pl) | құралдар | [qʊraldar] |
| chave (f) inglesa | ажырамалы кілт | [aʒiramali kilt] |

| desenroscar (vt) | бұрап ашу | [burap aʃu] |
| enroscar (vt) | бұрап бекіту | [burap bekitu] |

desentupir (vt)	тазарту	[tazartu]
canalizador (m)	сантехник	[santehnık]
cave (f)	төле	[tøle]
sistema (m) de esgotos	кәріз	[kæriz]

96. Fogo. Deflagração

incêndio (m)	**алау**	[alau]
chama (f)	**жалын**	[ʒalɨn]
faísca (f)	**ұшқын**	[ʊʃqɨn]
fumo (m)	**түтін**	[tʉtin]
tocha (f)	**шырағдан**	[ʃɨraɣdan]
fogueira (f)	**от**	[ot]
gasolina (f)	**бензин**	[benzɪn]
querosene (m)	**керосин**	[kerosɪn]
inflamável	**жанғыш**	[ʒanɣɨʃ]
explosivo	**жарылғыш**	[ʒarɨlɣɨʃ]
PROIBIDO FUMAR!	**ТЕМЕКІ ШЕКПЕУ!**	[temeki ʃækpeu]
segurança (f)	**қауіпсіздік**	[qawipsizdik]
perigo (m)	**қауіп-қатер**	[qawip qater]
perigoso	**қауіпті**	[qawipti]
incendiar-se (vr)	**жана бастау**	[ʒana bastau]
explosão (f)	**жарылыс**	[ʒarɨlɨs]
incendiar (vt)	**өртеп жіберу**	[ørtep ʒiberu]
incendiário (m)	**өртегіш**	[ørtegiʃ]
incêndio (m) criminoso	**өртеу**	[ørteu]
arder (vi)	**алаулау**	[alaulau]
queimar (vi)	**жану**	[ʒanu]
queimar tudo (vi)	**өртеніп кету**	[ørtenip ketu]
chamar os bombeiros	**өрт сөндірушілерді шақыру**	[ørt søndiruʃilerdi ʃaqɨru]
bombeiro (m)	**өрт сөндіруші**	[ørt søndiruʃi]
carro (m) de bombeiros	**өрт сөндіргіш машина**	[ørt søndirgiʃ maʃɪna]
corpo (m) de bombeiros	**өрт жасағы**	[ørt ʒasaɣɨ]
escada (f) extensível	**өрт сөндірушілер сатысы**	[ørt søndiruʃiler satɨsɨ]
mangueira (f)	**шланг**	[ʃlang]
extintor (m)	**өрт сөндіргіш**	[ørt søndirgiʃ]
capacete (m)	**дулыға**	[dulɨɣa]
sirene (f)	**сирена**	[sɪrena]
gritar (vi)	**айғайлау**	[ajɣajlau]
chamar por socorro	**жәрдемге шақыру**	[ʒærdemge ʃaqɨru]
salvador (m)	**құтқарушы**	[qʊtqaruʃɨ]
salvar, resgatar (vt)	**құтқару**	[qʊtqaru]
chegar (vi)	**келу**	[kelu]
apagar (vt)	**сөндіру**	[søndiru]
água (f)	**су**	[su]
areia (f)	**құм**	[qʊm]
ruínas (f pl)	**қираған үйінді**	[qɪraɣan ʉjindi]
ruir (vi)	**опырылып құлау**	[opɨrɨlɨp qʊlau]
desmoronar (vi)	**опырылып құлау**	[opɨrɨlɨp qʊlau]
desabar (vi)	**опырылу**	[opɨrɨlu]

| fragmento (m) | сынық | [siniq] |
| cinza (f) | күл | [kʉl] |

| sufocar (vi) | тұншығып өлу | [tʊnʃɨɣɨp ølu] |
| perecer (vi) | мерт болу | [mert bolu] |

ATIVIDADES HUMANAS

Emprego. Negócios. Parte 1

97. Banca

banco (m)	банк	[bank]
sucursal, balcão (f)	бөлімше	[bølimʃæ]
consultor (m)	кеңесші	[keŋesʃi]
gerente (m)	басқарушы	[basqaruʃi]
conta (f)	шот	[ʃot]
número (m) da conta	шот нөмірі	[ʃot nømiri]
conta (f) corrente	ағымдағы есепшот	[aɣimdaɣɨ esepʃot]
conta (f) poupança	жинақтаушы шот	[ʒɨnaqtauʃɨ ʃot]
abrir uma conta	шот ашу	[ʃot aʃu]
fechar uma conta	шот жабу	[ʃot ʒabu]
depositar na conta	шотқа салу	[ʃotqa salu]
levantar (vt)	шоттан алу	[ʃottan alu]
depósito (m)	салым	[salim]
fazer um depósito	салым жасау	[salim ʒasau]
transferência (f) bancária	аударылым	[audarɨlɨm]
transferir (vt)	аударылым жасау	[audarɨlɨm ʒasau]
soma (f)	сома	[soma]
Quanto?	Қанша?	[qanʃa]
assinatura (f)	қол таңба	[qol taŋba]
assinar (vt)	қол қою	[qol qoju]
cartão (m) de crédito	кредиттік карта	[kredɨttik karta]
código (m)	код	[kod]
número (m)	кредиттік картаның	[kredɨttik kartaniŋ
do cartão de crédito	нөмірі	nømiri]
Caixa Multibanco (m)	банкомат	[bankomat]
cheque (m)	чек	[tʃek]
passar um cheque	чек жазу	[tʃek ʒazu]
livro (m) de cheques	чек кітапшасы	[tʃek kitapʃasi]
empréstimo (m)	несие	[nesɪe]
pedir um empréstimo	несие жайында	[nesɪe ʒajinda
	өтінішпен бару	øtiniʃpen baru]
obter um empréstimo	несие алу	[nesɪe alu]
conceder um empréstimo	несие беру	[nesɪe beru]
garantia (f)	кепілдеме	[kepildeme]

98. Telefone. Conversação telefónica

telefone (m)	телефон	[telefon]
telemóvel (m)	ұялы телефон	[ujalɨ telefon]
secretária (f) electrónica	автожауапшы	[avtoʒawapʃɨ]
fazer uma chamada	қоңырау шалу	[qoŋɨrau ʃalu]
chamada (f)	қоңырау	[qoŋɨrau]
marcar um número	нөмірді теру	[nømirdi teru]
Alô!	Алло!	[allo]
perguntar (vt)	сұрау	[surau]
responder (vt)	жауап беру	[ʒawap beru]
ouvir (vt)	есту	[estu]
bem	жақсы	[ʒaqsɨ]
mal	жаман	[ʒaman]
ruído (m)	бөгеттер	[bøgetter]
auscultador (m)	трубка	[trubka]
pegar o telefone	трубканы алу	[trubkanɨ alu]
desligar (vi)	трубканы салу	[trubkanɨ salu]
ocupado	бос емес	[bos emes]
tocar (vi)	шылдырлау	[ʃɨldɨrlau]
lista (f) telefónica	телефон кітабы	[telefon kitabɨ]
local	жергілікті	[ʒergilikti]
de longa distância	қалааралық	[qalaaralɨq]
internacional	халықаралық	[halɨqaralɨq]

99. Telefone móvel

telemóvel (m)	ұялы телефон	[ujalɨ telefon]
ecrã (m)	дисплей	[dɨsplej]
botão (m)	түйме	[tujme]
cartão SIM (m)	SIM-карта	[sim karta]
bateria (f)	батарея	[batareja]
descarregar-se	тогынан айырылу	[togɨnan ajɨrɨlu]
carregador (m)	зарядттау құрылғысы	[zarjadttau qurɨlɣɨsɨ]
menu (m)	меню	[menju]
definições (f pl)	қалпына келтіру	[qalpɨna keltiru]
melodia (f)	әуен	[æwen]
escolher (vt)	таңдау	[taŋdau]
calculadora (f)	калькулятор	[kalʲkuljator]
correio (m) de voz	автожауапшы	[avtoʒawapʃɨ]
despertador (m)	оятар	[ojatar]
contatos (m pl)	телефон кітабы	[telefon kitabɨ]
mensagem (f) de texto	SMS-хабарлама	[ɛsɛmɛs habarlama]
assinante (m)	абонент	[abonent]

100. Estacionário

caneta (f)	автоқалам	[avtoqalam]
caneta (f) tinteiro	қаламұш	[qalamʊʃ]
lápis (m)	қарындаш	[qarindaʃ]
marcador (m)	маркер	[marker]
caneta (f) de feltro	фломастер	[flomaster]
bloco (m) de notas	блокнот	[bloknot]
agenda (f)	күнделік	[kʉndelik]
régua (f)	сызғыш	[sizɣiʃ]
calculadora (f)	калькулятор	[kalʲkuljator]
borracha (f)	өшіргіш	[øʃirgiʃ]
pionés (m)	жапсырма шеге	[ʒapsirma ʃæge]
clipe (m)	қыстырғыш	[qistirɣiʃ]
cola (f)	желім	[ʒɛlim]
agrafador (m)	степлер	[stepler]
furador (m)	тескіш	[teskiʃ]
afia-lápis (m)	қайрағыш	[qajraɣiʃ]

Emprego. Negócios. Parte 2

101. Media

jornal (m)	газет	[gazet]
revista (f)	жорнал	[ʒornal]
imprensa (f)	баспасөз	[baspasøz]
rádio (m)	радио	[radıo]
estação (f) de rádio	радиостанция	[radıostantsıja]
televisão (f)	теледидар	[teledıdar]

apresentador (m)	жетекші	[ʒetekʃi]
locutor (m)	диктор	[dıktor]
comentador (m)	комментатор	[kommentator]

jornalista (m)	журналшы	[ʒurnalʃi]
correspondente (m)	тілші	[tilʃi]
repórter (m) fotográfico	фототілші	[fototilʃi]
repórter (m)	репортер	[reportør]

redator (m)	редактор	[redaktor]
redator-chefe (m)	бас редактор	[bas redaktor]

assinar a …	жазылу	[ʒazilu]
assinatura (f)	жазылыс	[ʒazilis]
assinante (m)	жазылушы	[ʒaziluʃi]
ler (vt)	оқу	[oqu]
leitor (m)	оқырман	[oqirman]

tiragem (f)	таралым	[taralim]
mensal	айлық	[ajliq]
semanal	апталық	[aptaliq]
número (jornal, revista)	нөмір	[nømir]
recente	жаңа	[ʒaŋa]

manchete (f)	тақырып	[taqirip]
pequeno artigo (m)	мақала	[maqala]
coluna (~ semanal)	тарау	[tarau]
artigo (m)	мақала	[maqala]
página (f)	бет	[bet]

reportagem (f)	репортаж	[reportaʒ]
evento (m)	оқиға	[oqiɣa]
sensação (f)	сенсация	[sensatsıja]
escândalo (m)	жанжал	[ʒanʒal]
escandaloso	жанжалды	[ʒanʒaldi]
grande	әйгілі	[æjgili]

programa (m) de TV	хабар	[habar]
entrevista (f)	сұхбат	[suhbat]

transmissão (f) em direto	тікелей эфир	[tikelej ɛfır]
canal (m)	канал	[kanal]

102. Agricultura

agricultura (f)	ауыл шаруашылығы	[awıl ʃaruaʃiliɣi]
camponês (m)	қара шаруа	[qara ʃarua]
camponesa (f)	қара шаруа	[qara ʃarua]
agricultor (m)	ферма иесі	[ferma ıesi]

trator (m)	трактор	[traktor]
ceifeira-debulhadora (f)	комбайн	[kombajn]

arado (m)	соқа	[soqa]
arar (vt)	жер жырту	[ʒer ʒirtu]
campo (m) lavrado	жыртылған жер	[ʒirtilɣan ʒer]
rego (m)	атыз	[atiz]

semear (vt)	егу	[egu]
semeadora (f)	дәнсепкіш	[dænsepkiʃ]
semeadura (f)	егіс	[egis]

gadanha (f)	шалғы	[ʃalɣi]
gadanhar (vt)	шабу	[ʃabu]

pá (f)	күрек	[kʉrek]
cavar (vt)	қазу	[qazu]

enxada (f)	шапқы	[ʃapqi]
carpir (vt)	отау	[otau]
erva (f) daninha	арам шөп	[aram ʃøp]

regador (m)	сусепкіш	[susepkiʃ]
regar (vt)	суару	[suaru]
rega (f)	суару	[suaru]

forquilha (f)	сәнек	[sænek]
ancinho (m)	тырнауыш	[tirnawiʃ]

fertilizante (m)	тыңайтқыш	[tiŋajtqiʃ]
fertilizar (vt)	тыңайту	[tiŋajtu]
estrume (m)	көң	[køŋ]

campo (m)	егіс даласы	[egis dalasi]
prado (m)	шалғын	[ʃalɣin]
horta (f)	бақша	[baqʃa]
pomar (m)	бақ	[baq]

pastar (vt)	бағу	[baɣu]
pastor (m)	бақташы	[baqtaʃi]
pastagem (f)	жайылым	[ʒajilim]

pecuária (f)	мал шаруашылығы	[mal ʃaruaʃiliɣi]
criação (f) de ovelhas	қой өсірушілік	[qoj øsiruʃilik]

plantação (f)	плантация	[plantatsɪja]
canteiro (m)	жүйек	[ʒʉjek]
invernadouro (m)	көшетхана	[køʃæthana]

| seca (f) | құрғақшылық | [qʊrɣaqʃɨlɨq] |
| seco (verão ~) | қуаң | [quaŋ] |

| cereais (m pl) | дәнді | [dændi] |
| colher (vt) | жинау | [ʒɪnau] |

moleiro (m)	диірменші	[dɪɪrmenʃi]
moinho (m)	диірмен	[dɪɪrmen]
moer (vt)	жармалау	[ʒarmalau]
farinha (f)	ұн	[ʊn]
palha (f)	сабан	[saban]

103. Construção. Processo de construção

canteiro (m) de obras	құрылыс	[qʊrilis]
construir (vt)	құрылыс салу	[qʊrilis salu]
construtor (m)	құрылысшы	[qʊrilisʃi]

projeto (m)	жоба	[ʒoba]
arquiteto (m)	сәулетші	[sæuletʃi]
operário (m)	жұмысшы	[ʒʊmɪsʃi]

fundação (f)	іргетас	[irgetas]
telhado (m)	шатыр	[ʃatir]
estaca (f)	бағана	[baɣana]
parede (f)	қабырға	[qabɪrɣa]

| varões (m pl) para betão | арматура | [armatura] |
| andaime (m) | құрылыс материалдары | [qʊrilis materɪaldari] |

betão (m)	бетон	[beton]
granito (m)	гранит	[granɪt]
pedra (f)	тас	[tas]
tijolo (m)	кірпіш	[kirpiʃ]

areia (f)	құм	[qʊm]
cimento (m)	цемент	[tsement]
emboço (m)	сылақ	[sɨlaq]
emboçar (vt)	сылақтау	[sɨlaqtau]

tinta (f)	бояу	[bojau]
pintar (vt)	бояу	[bojau]
barril (m)	күбі	[kʉbi]

grua (f), guindaste (m)	кран	[kran]
erguer (vt)	көтеру	[køteru]
baixar (vt)	түсіру	[tʉsiru]

| buldózer (m) | сүргіш | [sʉrgiʃ] |
| escavadora (f) | экскаватор | [ɛkskavator] |

caçamba (f)	ожау	[oʒau]
escavar (vt)	қазу	[qazu]
capacete (m) de proteção	дулыға	[duliɣa]

Profissões e ocupações

104. Procura de emprego. Demissão

trabalho (m)	жұмыс	[ʒumis]
equipa (f)	штат	[ʃtat]
carreira (f)	мансап	[mansap]
perspetivas (f pl)	болашақ	[bolaʃaq]
mestria (f)	ұсталық	[ustaliq]
seleção (f)	іріктеу	[irikteu]
agência (f) de emprego	кадрлық агенттік	[kadrliq agenttik]
CV, currículo (m)	резюме	[rezjume]
entrevista (f) de emprego	әңгімелесу	[æŋgimelesu]
vaga (f)	бос қызмет	[bos qizmet]
salário (m)	жалақы	[ʒalaqi]
salário (m) fixo	айлық	[ajliq]
pagamento (m)	ақы төлеу	[aqi tøleu]
posto (m)	қызмет	[qizmet]
dever (do empregado)	міндет	[mindet]
gama (f) de deveres	міндеттер аясы	[mindetter ajasi]
ocupado	бос емес	[bos emes]
despedir, demitir (vt)	жұмыстан шығару	[ʒumistan ʃiɣaru]
demissão (f)	жұмыстан шығару	[ʒumistan ʃiɣaru]
desemprego (m)	жұмыссыздық	[ʒumissizdiq]
desempregado (m)	жұмыссыз	[ʒumissiz]
reforma (f)	зейнетақы	[zejnetaqi]
reformar-se	пенсияға шығу	[pensijaɣa ʃiɣu]

105. Gente de negócios

diretor (m)	директор	[dɪrektor]
gerente (m)	басқарушы	[basqaruʃi]
patrão, chefe (m)	басқарушы	[basqaruʃi]
superior (m)	бастық	[bastiq]
superiores (m pl)	басшылық	[basʃiliq]
presidente (m)	президент	[prezɪdent]
presidente (m) de direção	төраға	[tøraɣa]
substituto (m)	орынбасар	[orinbasar]
assistente (m)	көмекші	[kømekʃi]
secretário (m)	хатшы	[hatʃi]

secretário (m) pessoal	жеке хатшы	[ʒeke hatʃi]
homem (m) de negócios	бизнесмен	[bɪznesmen]
empresário (m)	кәсіпкер	[kæsipker]
fundador (m)	негізін салушы	[negizin saluʃi]
fundar (vt)	орнату	[ornatu]

fundador, sócio (m)	құрылтайшы	[qʊrɪltajʃi]
parceiro, sócio (m)	серіктес	[seriktes]
acionista (m)	акционер	[aktsɪoner]

milionário (m)	миллионер	[mɪllɪoner]
bilionário (m)	миллиардер	[mɪllɪarder]
proprietário (m)	ие	[ɪe]
proprietário (m) de terras	жер иесі	[ʒer ɪesi]

cliente (m)	клиент	[klɪent]
cliente (m) habitual	тұракты клиент	[tʊrakti klɪent]
comprador (m)	сатып алушы	[satip aluʃi]
visitante (m)	келуші	[keluʃi]

profissional (m)	кәсіпші	[kæsipʃi]
perito (m)	сарапшы	[sarapʃi]
especialista (m)	маман	[maman]

| banqueiro (m) | банкир | [bankɪr] |
| corretor (m) | брокер | [broker] |

caixa (m, f)	кассир	[kassɪr]
contabilista (m)	есепші	[esepʃi]
guarda (m)	күзетші	[kʊzetʃi]

investidor (m)	инвестор	[ɪnvestor]
devedor (m)	қарыздар	[qarizdar]
credor (m)	несиегер	[nesɪeger]
mutuário (m)	қарыз алушы	[qariz aluʃi]

| importador (m) | импортшы | [ɪmportʃi] |
| exportador (m) | экспортшы | [ɛksportʃi] |

produtor (m)	өндіруші	[øndiruʃi]
distribuidor (m)	дистрибьютор	[dɪstrɪbʲutor]
intermediário (m)	дәнекер	[dæneker]

consultor (m)	кеңесші	[keŋesʃi]
representante (m)	өкіл	[økil]
agente (m)	агент	[agent]
agente (m) de seguros	сақтандыру агенті	[saqtandiru agenti]

106. Profissões de serviços

cozinheiro (m)	аспазшы	[aspazʃi]
cozinheiro chefe (m)	бас аспазшы	[bas aspazʃi]
padeiro (m)	нан пісіруші	[nan pisiruʃi]
barman (m)	бармен	[barmen]

| empregado (m) de mesa | даяшы | [dajaʃi] |
| empregada (f) de mesa | даяшы | [dajaʃi] |

advogado (m)	адвокат	[advokat]
jurista (m)	заңгер	[zaŋger]
notário (m)	нотариус	[notarɪus]

eletricista (m)	монтер	[montjor]
canalizador (m)	сантехник	[santehnɪk]
carpinteiro (m)	балташы	[baltaʃi]

massagista (m)	массаж жасаушы	[massaʒ ʒasauʃi]
massagista (f)	массаж жасаушы	[massaʒ ʒasauʃi]
médico (m)	дәрігер	[dæriger]

taxista (m)	таксист	[taksɪst]
condutor (automobilista)	айдарман	[ajdarman]
entregador (m)	курьер	[kurʲer]

camareira (f)	қызметші әйел	[qizmetʃi æjel]
guarda (m)	күзетші	[kʉzetʃi]
hospedeira (f) de bordo	аспансерік	[aspanserik]

professor (m)	мұғалім	[mʊɣalim]
bibliotecário (m)	кітапханашы	[kitaphanaʃi]
tradutor (m)	тілмаш	[tilmaʃ]
intérprete (m)	тілмаш	[tilmaʃ]
guia (pessoa)	гид	[gɪd]

cabeleireiro (m)	шаштаразшы	[ʃaʃtarazʃi]
carteiro (m)	пошташы	[poʃtaʃi]
vendedor (m)	сатушы	[satuʃi]

jardineiro (m)	бақшы	[baqʃi]
criado (m)	даяшы	[dajaʃi]
criada (f)	даяшы	[dajaʃi]
empregada (f) de limpeza	сыпырушы	[sipiruʃi]

107. Profissões militares e postos

soldado (m) raso	қатардағы	[qatardaɣi]
sargento (m)	сержант	[serʒant]
tenente (m)	лейтенант	[lejtenant]
capitão (m)	капитан	[kapɪtan]

major (m)	майор	[major]
coronel (m)	полковник	[polkovnɪk]
general (m)	генерал	[general]
marechal (m)	маршал	[marʃal]
almirante (m)	адмирал	[admɪral]

militar (m)	әскери адам	[æskerɪ adam]
soldado (m)	жауынгер	[ʒawinger]
oficial (m)	офицер	[ofɪtser]

99

comandante (m)	командир	[komandır]
guarda (m) fronteiriço	шекарашы	[ʃækaraʃi]
operador (m) de rádio	радист	[radıst]
explorador (m)	барлаушы	[barlauʃi]
sapador (m)	сапер	[sapør]
atirador (m)	атқыш	[atqiʃ]
navegador (m)	штурман	[ʃturman]

108. Oficiais. Padres

rei (m)	король	[korolʲ]
rainha (f)	королева	[koroleva]

príncipe (m)	ханзада	[hanzada]
princesa (f)	ханша	[hanʃa]

czar (m)	патша	[patʃa]
czarina (f)	патшайым	[patʃajim]

presidente (m)	президент	[prezıdent]
ministro (m)	министр	[mınıstr]
primeiro-ministro (m)	премьер-министр	[premʲer mınıstr]
senador (m)	сенатор	[senator]

diplomata (m)	дипломат	[dıplomat]
cônsul (m)	консул	[konsul]
embaixador (m)	елші	[elʃi]
conselheiro (m)	кеңесші	[keŋesʃi]

funcionário (m)	төре	[tøre]
prefeito (m)	префект	[prefekt]
Presidente (m) da Câmara	мэр	[mɛr]

juiz (m)	төреші	[tøreʃi]
procurador (m)	прокурор	[prokuror]

missionário (m)	миссионер	[mıssıoner]
monge (m)	монах	[monah]
abade (m)	уағыздаушы	[waɣizdauʃi]
rabino (m)	раввин	[ravın]

vizir (m)	уәзір	[wæzir]
xá (m)	шах	[ʃah]
xeque (m)	шайқы	[ʃajqi]

109. Profissões agrícolas

apicultor (m)	ара өсіруші	[ara øsiruʃi]
pastor (m)	бақташы	[baqtaʃi]
agrónomo (m)	агроном	[agronom]
criador (m) de gado	мал өсіруші	[mal øsiruʃi]
veterinário (m)	ветеринар	[veterınar]

agricultor (m)	ферма иесі	[ferma ıesi]
vinicultor (m)	шарапшы	[ʃarapʃı]
zoólogo (m)	зоолог	[zoolog]
cowboy (m)	ковбой	[kovboj]

110. Profissões artísticas

ator (m)	актер	[aktør]
atriz (f)	актриса	[aktrısa]
cantor (m)	әнші	[ænʃi]
cantora (f)	әнші	[ænʃi]
bailarino (m)	биші	[bıʃi]
bailarina (f)	биші	[bıʃi]
artista (m)	әртіс	[ærtis]
artista (f)	әртіс	[ærtis]
músico (m)	сырнайшы	[sırnajʃi]
pianista (m)	пианист	[pıanıst]
guitarrista (m)	гитаршы	[gıtarʃi]
maestro (m)	дирижер	[dırıʒor]
compositor (m)	сазгер	[sazger]
empresário (m)	импресарио	[ımpresarıo]
realizador (m)	режиссер	[reʒıssør]
produtor (m)	продюсер	[prodjuser]
argumentista (m)	сценарист	[stsænarıst]
crítico (m)	сынағыш	[sinaɣiʃ]
escritor (m)	жазушы	[ʒazuʃi]
poeta (m)	ақын	[aqin]
escultor (m)	мүсінші	[mʉsinʃi]
pintor (m)	суретші	[suretʃi]
malabarista (m)	жонглер	[ʒonglør]
palhaço (m)	клоун	[kloun]
acrobata (m)	акробат	[akrobat]
mágico (m)	сиқыршы	[sıqirʃi]

111. Várias profissões

médico (m)	дәрігер	[dæriger]
enfermeira (f)	медбике	[medbıke]
psiquiatra (m)	психиатр	[psıhıatr]
estomatologista (m)	стоматолог	[stomatolog]
cirurgião (m)	хирург	[hırurg]
astronauta (m)	астронавт	[astronavt]
astrónomo (m)	астроном	[astronom]

motorista (m)	жүргізуші	[ʒɯrgizuʃi]
maquinista (m)	машинист	[maʃinɪst]
mecânico (m)	механик	[mehanɪk]
mineiro (m)	көмірші	[kømirʃi]
operário (m)	жұмысшы	[ʒʊmisʃi]
serralheiro (m)	слесарь	[slesarʲ]
marceneiro (m)	ағаш шебері	[aɣaʃ ʃæberi]
torneiro (m)	қырнаушы	[qirnauʃi]
construtor (m)	құрылысшы	[qʊrilisʃi]
soldador (m)	дәнекерлеуші	[dænekerleuʃi]
professor (m) catedrático	профессор	[professor]
arquiteto (m)	сәулетші	[sæuletʃi]
historiador (m)	тарихшы	[tarıhʃi]
cientista (m)	ғалым	[ɣalim]
físico (m)	физик	[fɪzɪk]
químico (m)	химик	[hɪmɪk]
arqueólogo (m)	археолог	[arheolog]
geólogo (m)	геолог	[geolog]
pesquisador (cientista)	зерттеуші	[zertteuʃi]
babysitter (f)	бала бағушы	[bala baɣuʃi]
professor (m)	мұғалім	[mʊɣalim]
redator (m)	редактор	[redaktor]
redator-chefe (m)	бас редактор	[bas redaktor]
correspondente (m)	тілші	[tilʃi]
datilógrafa (f)	машинист	[maʃinɪst]
designer (m)	дизайнер	[dɪzajner]
especialista (m)	компьютерші	[kompʲuterʃi]
em informática		
programador (m)	бағдарламаушы	[baɣdarlamauʃi]
engenheiro (m)	инженер	[ɪnʒener]
marujo (m)	кемеші	[kemeʃi]
marinheiro (m)	кемеші	[kemeʃi]
salvador (m)	құтқарушы	[qʊtqaruʃi]
bombeiro (m)	өрт сөндіруші	[ørt søndiruʃi]
polícia (m)	полицей	[polɪtsej]
guarda-noturno (m)	күзетші	[kʊzetʃi]
detetive (m)	ізші	[izʃi]
funcionário (m) da alfândega	кеденші	[kedenʃi]
guarda-costas (m)	сақшы	[saqʃi]
guarda (m) prisional	қадағалаушы	[qadaɣalauʃi]
inspetor (m)	инспектор	[ɪnspektor]
desportista (m)	спортшы	[sportʃi]
treinador (m)	жаттықтырушы	[ʒattiqtiruʃi]
talhante (m)	етші	[etʃi]
sapateiro (m)	аяқ киім жамаушы	[ajaq kiim ʒamauʃi]
comerciante (m)	саудагер	[sæudager]

carregador (m)	жүк тиеуші	[ʒʉk tieuʃi]
estilista (m)	модель	[modelʲ]
modelo (f)	үлгіші	[ʉlgiʃi]

112. Ocupações. Estatuto social

| aluno, escolar (m) | оқушы | [oquʃi] |
| estudante (~ universitária) | студент | [student] |

filósofo (m)	философ	[filosof]
economista (m)	экономист	[ɛkonomɪst]
inventor (m)	өнертапқыш	[ønertapqiʃ]

desempregado (m)	жұмыссыз	[ʒʊmissiz]
reformado (m)	зейнеткер	[zejnetker]
espião (m)	тыңшы	[tiɳʃi]

preso (m)	қамалған	[qamalɣan]
grevista (m)	ереуілші	[erewilʃi]
burocrata (m)	кеңсешіл	[keŋseʃil]
viajante (m)	саяхатшы	[sajahatʃi]

homossexual (m)	гомосексуалист	[gomoseksualɪst]
hacker (m)	хакер	[haker]
hippie	хиппи	[hɪppɪ]

bandido (m)	қарақшы	[qaraqʃi]
assassino (m) a soldo	жалдамалы өлтіруші	[ʒaldamali øltiruʃi]
toxicodependente (m)	нашақор	[naʃaqor]
traficante (m)	есірткі сатушы	[esirtki satuʃi]
prostituta (f)	жезөкше	[ʒezøkʃæ]
chulo (m)	сутенер	[sutenør]

bruxo (m)	дуагер	[duager]
bruxa (f)	көз байлаушы	[køz bajlauʃi]
pirata (m)	теңіз қарақшысы	[teŋiz qaraqʃisi]
escravo (m)	құл	[qʊl]
samurai (m)	самурай	[samuraj]
selvagem (m)	жабайы адам	[ʒabaji adam]

Desportos

113. Tipos de desportos. Desportistas

desportista (m)	спортшы	[sportʃi]
tipo (m) de desporto	спорт түрі	[sport tʉri]
basquetebol (m)	баскетбол	[basketbol]
jogador (m) de basquetebol	баскетболшы	[basketbolʃi]
beisebol (m)	бейсбол	[bejsbol]
jogador (m) de beisebol	бейсболшы	[bejsbolʃi]
futebol (m)	футбол	[futbol]
futebolista (m)	футболшы	[futbolʃi]
guarda-redes (m)	қақпашы	[qaqpaʃi]
hóquei (m)	хоккей	[hokkej]
jogador (m) de hóquei	хоккейші	[hokkejʃi]
voleibol (m)	волейбол	[volejbol]
jogador (m) de voleibol	волейболшы	[volejbolʃi]
boxe (m)	бокс	[boks]
boxeador, pugilista (m)	боксшы	[boksʃi]
luta (f)	күрес	[kʉres]
lutador (m)	балуан	[baluan]
karaté (m)	карате	[karate]
karateca (m)	каратист	[karatıst]
judo (m)	дзюдо	[dzjudo]
judoca (m)	дзюдошы	[dzjudoʃi]
ténis (m)	теннис	[tenıs]
tenista (m)	теннисші	[tenısʃi]
natação (f)	жүзу	[ʒʉzu]
nadador (m)	жүзгіш	[ʒʉzgiʃ]
esgrima (f)	сайысу	[sajisu]
esgrimista (m)	сайысшы	[sajisʃi]
xadrez (m)	шахмат	[ʃahmat]
xadrezista (m)	шахматшы	[ʃahmatʃi]
alpinismo (m)	альпинизм	[alʲpınızm]
alpinista (m)	альпинист	[alʲpınıst]
corrida (f)	жүгіру	[ʒʉgiru]

corredor (m)	жүгіріш	[ʒʉgiriʃ]
atletismo (m)	жеңіл атлетика	[ʒeŋil atletɪka]
atleta (m)	атлет	[atlet]

| hipismo (m) | ат спорты | [at sporti] |
| cavaleiro (m) | атбегі | [atbegi] |

patinagem (f) artística	мәнерлеп сырғанау	[mænerlep sirɣanau]
patinador (m)	мәнерлеп сырғанаушы	[mænerlep sirɣanauʃi]
patinadora (f)	мәнерлеп сырғанаушы	[mænerlep sirɣanauʃi]

halterofilismo (m)	ауыр атлетика	[awir atletɪka]
corrida (f) de carros	автожарыс	[avtoʒaris]
piloto (m)	жарысушы	[ʒarisuʃi]

| ciclismo (m) | велосипед спорты | [velosɪped sporti] |
| ciclista (m) | велосипедші | [velosɪpedʃi] |

salto (m) em comprimento	ұзындыққа секіру	[uzindiqqa sekiru]
salto (m) à vara	сырықпен секіру	[siriqpen sekiru]
atleta (m) de saltos	секіргіш	[sekirgiʃ]

114. Tipos de desportos. Diversos

futebol (m) americano	америка футболы	[amerɪka futboli]
badminton (m)	бадминтон	[badmɪnton]
biatlo (m)	биатлон	[bɪatlon]
bilhar (m)	бильярд	[bɪlʲard]

bobsled (m)	бобслей	[bobslej]
musculação (f)	бодибилдинг	[bodɪbɪldɪng]
polo (m) aquático	су добы	[su dobi]
andebol (m)	гандбол	[gandbol]
golfe (m)	гольф	[golʲf]

remo (m)	ескек	[eskek]
mergulho (m)	дайвинг	[dajvɪng]
corrida (f) de esqui	шаңғы жарысы	[ʃaŋɣɨ ʒarisi]
ténis (m) de mesa	стол үсті теннисі	[stol ʉsti tenɪsi]

vela (f)	желкен спорты	[ʒelken sporti]
rali (m)	ралли	[ralli]
râguebi (m)	регби	[regbɪ]
snowboard (m)	сноуборд	[snoubord]
tiro (m) com arco	садақпен ату	[sadaqpen atu]

115. Ginásio

barra (f)	штанга	[ʃtanga]
halteres (m pl)	гантель	[gantelʲ]
aparelho (m) de musculaçao	тренажер	[trenaʒor]
bicicleta (f) ergométrica	велотренажер	[velotrenaʒor]

passadeira (f) de corrida	жарыс жолы	[ʒaris ʒolï]
barra (f) fixa	турник	[turnïk]
barras (f) paralelas	қырлы бөренелер	[qïrlï børeneler]
cavalo (m)	ат	[at]
tapete (m) de ginástica	мат	[mat]

corda (f) de saltar	секіргіш	[sekirgiʃ]
aeróbica (f)	аэробика	[aærobïka]
ioga (f)	йога	[joga]

116. Desportos. Diversos

Jogos (m pl) Olímpicos	олимпиялық ойындар	[olïmpïjalïq ojïndar]
vencedor (m)	жеңімпаз	[ʒeŋimpaz]
vencer (vi)	жеңу	[ʒeŋu]
vencer, ganhar (vi)	ұту	[utu]

líder (m)	жетекші	[ʒetekʃi]
liderar (vt)	озу	[ozu]

primeiro lugar (m)	бірінші орын	[birinʃi orin]
segundo lugar (m)	екінші орын	[ekinʃi orin]
terceiro lugar (m)	үшінші орын	[uʃinʃi orin]

medalha (f)	медаль	[medalʲ]
troféu (m)	олжа	[olʒa]
taça (f)	кубок	[kubok]
prémio (m)	жүлде	[ʒ∪lde]
prémio (m) principal	бас жүлде	[bas ʒ∪lde]

recorde (m)	рекорд	[rekord]
estabelecer um recorde	рекорд жасау	[rekord ʒasau]

final (m)	финал	[fïnal]
final	финалдық	[fïnaldïq]

campeão (m)	чемпион	[tʃempïon]
campeonato (m)	чемпионат	[tʃempïonat]

estádio (m)	стадион	[stadïon]
bancadas (f pl)	трибуна	[trïbuna]
fã, adepto (m)	жанкүйер	[ʒankujer]
adversário (m)	қарсылас	[qarsïlas]

partida (f)	старт	[start]
chegada, meta (f)	финиш	[fïnïʃ]

derrota (f)	жығылыс	[ʒïɣïlïs]
perder (vt)	жеңілу	[ʒeŋilu]

árbitro (m)	төреші	[tøreʃi]
júri (m)	қазылар алқасы	[qazïlar alqasï]
resultado (m)	есеп	[esep]
empate (m)	тең түсу	[teŋ t∪su]

empatar (vi)	тең ойнау	[teŋ ojnau]
ponto (m)	ұпай	[ʊpaj]
resultado (m) final	нәтиже	[nætɪʒe]

intervalo (m)	үзіліс	[ʉzilis]
doping (m)	допинг	[dopɪng]
penalizar (vt)	айып салу	[ajip salu]
desqualificar (vt)	дисквалифицилау	[dɪskvalıfıtsılau]

aparelho (m)	снаряд	[snarjad]
dardo (m)	найза	[najza]
peso (m)	ядро	[jadro]
bola (f)	шар	[ʃar]

alvo, objetivo (m)	нысана	[nisana]
alvo (~ de papel)	нысана	[nisana]
atirar, disparar (vi)	ату	[atu]
preciso (tiro ~)	дәл	[dæl]

treinador (m)	жаттықтырушы	[ʒattiqtiruʃi]
treinar (vt)	жаттықтыру	[ʒattiqtiru]
treinar-se (vr)	жаттығу	[ʒattiɣu]
treino (m)	жаттықтыру	[ʒattiqtiru]

ginásio (m)	спорт залы	[sport zalı]
exercício (m)	жаттығу	[ʒattiɣu]
aquecimento (m)	бой жазу	[boj ʒazu]

Educação

117. Escola

escola (f)	мектеп	[mektep]
diretor (m) de escola	мектеп директоры	[mektep dɪrektori]
aluno (m)	оқушы	[oquʃi]
aluna (f)	оқушы	[oquʃi]
escolar (m)	мектеп оқушысы	[mektep oquʃisi]
escolar (f)	мектеп оқушысы	[mektep oquʃisi]
ensinar (vt)	оқыту	[oqitu]
aprender (vt)	оқу	[oqu]
aprender de cor	жаттап алу	[ʒattap alu]
estudar (vi)	үйрену	[ujrenu]
andar na escola	оқу	[oqu]
ir à escola	мектепке бару	[mektepke baru]
alfabeto (m)	алфавит	[alfavit]
disciplina (f)	пән	[pæn]
sala (f) de aula	сынып	[sinip]
lição (f)	сабақ	[sabaq]
recreio (m)	үзіліс	[uzilis]
toque (m)	қоңырау	[qoŋirau]
carteira (f)	парта	[parta]
quadro (m) negro	тақта	[taqta]
nota (f)	баға	[baɣa]
boa nota (f)	жақсы баға	[ʒaksi baɣa]
nota (f) baixa	жаман баға	[ʒaman baɣa]
dar uma nota	баға қою	[baɣa qoju]
erro (m)	қате	[qate]
fazer erros	қате жасау	[qate ʒasau]
corrigir (vt)	дұрыстау	[duristau]
cábula (f)	шпаргалка	[ʃpargalka]
dever (m) de casa	үй тапсырмасы	[uj tapsirmasi]
exercício (m)	жаттығу	[ʒattiɣu]
estar presente	қатысу	[qatisu]
estar ausente	келмеу	[kelmeu]
faltar às aulas	сабаққа бармау	[sabaqqa barmau]
punir (vt)	жазалау	[ʒazalau]
punição (f)	жазалау	[ʒazalau]
comportamento (m)	мінез-құлық	[minez quliq]

boletim (m) escolar	күнделік	[kundelik]
lápis (m)	қарындаш	[qarindaʃ]
borracha (f)	өшіргіш	[øʃirgiʃ]
giz (m)	бор	[bor]
estojo (m)	қаламсауыт	[qalamsawit]

pasta (f) escolar	портфель	[portfelʲ]
caneta (f)	қалам	[qalam]
caderno (m)	дәптер	[dæpter]
manual (m) escolar	оқулық	[oquliq]
compasso (m)	циркуль	[tsirkulʲ]

| traçar (vt) | сызу | [sizu] |
| desenho (m) técnico | сызба | [sizba] |

poesia (f)	өлең	[øleŋ]
de cor	жатқа	[ʒatqa]
aprender de cor	жаттап алу	[ʒattap alu]

férias (f pl)	демалыс	[demalis]
estar de férias	каникулда болу	[kanıkulda bolu]
passar as férias	каникулды өткізу	[kanıkuldi øtkizu]

teste (m)	бақылау жұмысы	[baqilau ʒumisi]
composição, redação (f)	шығарма	[ʃiɣarma]
ditado (m)	жат жазу	[ʒat ʒazu]
exame (m)	емтихан	[emtihan]
fazer exame	емтихан тапсыру	[emtihan tapsiru]
experiência (~ química)	тәжірибе	[tæʒiribe]

118. Colégio. Universidade

academia (f)	академия	[akademıja]
universidade (f)	университет	[unıversıtet]
faculdade (f)	факультет	[fakulʲtet]

estudante (m)	студент	[student]
estudante (f)	студент	[student]
professor (m)	оқытушы	[oqituʃi]

| sala (f) de palestras | дәрісхана | [dærishana] |
| graduado (m) | бітіруші | [bitiruʃi] |

| diploma (m) | диплом | [dıplom] |
| tese (f) | диссертация | [dıssertatsija] |

| estudo (obra) | зерттеу | [zertteu] |
| laboratório (m) | зертхана | [zerthana] |

| palestra (f) | дәріс | [dæris] |
| colega (m) de curso | курстас | [kurstas] |

| bolsa (f) de estudos | оқуақы | [oquaqi] |
| grau (m) académico | ғылыми дәреже | [ɣilimi dæreʒe] |

109

119. Ciências. Disciplinas

matemática (f)	математика	[matematıka]
álgebra (f)	алгебра	[algebra]
geometria (f)	геометрия	[geometrıja]
astronomia (f)	астрономия	[astronomıja]
biologia (f)	биология	[bıologıja]
geografia (f)	география	[geografıja]
geologia (f)	геология	[geologıja]
história (f)	тарих	[tarıh]
medicina (f)	медицина	[medıtsına]
pedagogia (f)	педагогика	[pedagogıka]
direito (m)	құқық	[quqiq]
física (f)	физика	[fızıka]
química (f)	химия	[hımıja]
filosofia (f)	даналықтану	[danaliqtanu]
psicologia (f)	психология	[psıhologıja]

120. Sistema de escrita. Ortografia

gramática (f)	грамматика	[grammatıka]
vocabulário (m)	лексика	[leksıka]
fonética (f)	фонетика	[fonetıka]
substantivo (m)	зат есім	[zat esim]
adjetivo (m)	сын есім	[sin esim]
verbo (m)	етістік	[etistik]
advérbio (m)	үстеу	[usteu]
pronome (m)	есімдік	[esimdik]
interjeição (f)	одағай	[odaɣaj]
preposição (f)	сылтау	[siltau]
raiz (f) da palavra	сөз түбірі	[søz tubiri]
terminação (f)	жалғау	[ʒalɣau]
prefixo (m)	тіркеу	[tirkeu]
sílaba (f)	буын	[buin]
sufixo (m)	жұрнақ	[ʒurnaq]
acento (m)	екпін	[ekpin]
apóstrofo (m)	дәйекше	[dæjekʃe]
ponto (m)	нүкте	[nukte]
vírgula (f)	үтір	[utir]
ponto e vírgula (m)	нүктелі үтір	[nukteli utir]
dois pontos (m pl)	қос нүкте	[qos nukte]
reticências (f pl)	көп нүкте	[køp nukte]
ponto (m) de interrogação	сұрау белгісі	[surau belgisi]
ponto (m) de exclamação	леп белгісі	[lep belgisi]

aspas (f pl)	тырнақша	[tirnaqʃa]
entre aspas	тырнақша ішінде	[tirnaqʃa iʃinde]
parênteses (m pl)	жақша	[ʒaqʃa]
entre parênteses	жақша ішінде	[ʒaqʃa iʃinde]

hífen (m)	сызықша	[siziqʃa]
travessão (m)	сызықша	[siziqʃa]
espaço (m)	бос жер	[bos ʒer]

letra (f)	әріп	[ærip]
letra (f) maiúscula	үлкен әріп	[ʉlken ærip]

vogal (f)	дауысты дыбыс	[dawisti dibis]
consoante (f)	дауыссыз дыбыс	[dawissiz dibis]

frase (f)	сөйлем	[søjlem]
sujeito (m)	бастауыш	[bastawiʃ]
predicado (m)	баяндауыш	[bajandawiʃ]

linha (f)	жол	[ʒol]
em uma nova linha	жаңа жолдан	[ʒaŋa ʒoldan]
parágrafo (m)	азатжол	[azatʒol]

palavra (f)	сөз	[søz]
grupo (m) de palavras	сөз тіркесі	[søz tirkesi]
expressão (f)	сөйлемше	[søjlemʃæ]
sinónimo (m)	синоним	[sınonım]
antónimo (m)	антоним	[antonım]

regra (f)	ереже	[ereʒe]
exceção (f)	ерекшелік	[erekʃælik]
correto	дұрыс	[dʉris]

conjugação (f)	жіктеу	[ʒikteu]
declinação (f)	септеу	[septeu]
caso (m)	септік	[septik]
pergunta (f)	сұрақ	[sʉraq]
sublinhar (vt)	астың сызып қою	[astiŋ sizip qoju]
linha (f) pontilhada	нүкте сызық	[nʉkte siziq]

121. Línguas estrangeiras

língua (f)	тіл	[til]
estrangeiro	шетелдік	[ʃæteldik]
língua (f) estrangeira	зерттеу	[zertteu]
estudar (vt)	үйрену	[ʉjrenu]

ler (vt)	оқу	[oqu]
falar (vi)	сөйлеу	[søjleu]
compreender (vt)	түсіну	[tʉsinu]
escrever (vt)	жазу	[ʒazu]

rapidamente	тез	[tez]
devagar	баяу	[bajau]

fluentemente	еркін	[erkin]
regras (f pl)	ережелер	[ereʒeler]
gramática (f)	грамматика	[grammatıka]
vocabulário (m)	лексика	[leksıka]
fonética (f)	фонетика	[fonetıka]

manual (m) escolar	окулық	[okuliq]
dicionário (m)	сөздік	[søzdik]
manual (m) de autoaprendizagem	өздігінен үйреткіш	[øzdiginen ujretkiʃ]
guia (m) de conversação	тілашар	[tilaʃar]

cassete (f)	кассета	[kasseta]
vídeo cassete (m)	бейнетаспа	[bejnetaspa]
CD (m)	CD, компакт-дискі	[si di], [kompakt dıski]
DVD (m)	DVD	[dividi]

alfabeto (m)	алфавит	[alfavıt]
soletrar (vt)	әріптер бойынша айту	[æripter bojinʃa ajtu]
pronúncia (f)	айтылыс	[ajtilis]

sotaque (m)	акцент	[aktsent]
com sotaque	акцентпен	[aktsentpen]
sem sotaque	акцентсіз	[aktsentsiz]

palavra (f)	сөз	[søz]
sentido (m)	мағына	[maɣina]

cursos (m pl)	курстар	[kurstar]
inscrever-se (vr)	жазылу	[ʒazilu]
professor (m)	оқытушы	[oqituʃi]

tradução (processo)	аудару	[audaru]
tradução (texto)	аударма	[audarma]
tradutor (m)	аударушы	[audaruʃi]
intérprete (m)	аударушы	[audaruʃi]

poliglota (m)	көп тіл білгіш	[køp til bilgiʃ]
memória (f)	ес	[es]

122. Personagens de contos de fadas

Pai (m) Natal	Санта Клаус	[santa klaus]
Cinderela (f)	Золушка	[zoluʃka]
sereia (f)	су перісі	[su perisi]
Neptuno (m)	Нептун	[neptun]

mago (m)	сиқыршы	[sıqirʃi]
fada (f)	сиқыршы	[sıqirʃi]
mágico	сиқырлы	[sıqirli]
varinha (f) mágica	арбауыш таяқ	[arbawiʃ tajaq]

conto (m) de fadas	ертегі	[ertegi]
milagre (m)	ғаламат	[ɣalamat]

| anão (m) | гном | [gnom] |
| transformar-se em ... | айналып кету ... | [ajnalip ketu] |

fantasma (m)	елес	[eles]
espetro (m)	елес	[eles]
monstro (m)	кұбыжык	[qʋbiʒiq]
dragão (m)	айдаһар	[ajdahar]
gigante (m)	алып	[alip]

123. Signos do Zodíaco

Carneiro	Қой	[qoj]
Touro	Торпақ	[torpaq]
Gémeos	Зауза	[zauza]
Caranguejo	Шаян	[ʃajan]
Leão	Арыстан	[aristan]
Virgem (f)	Бикеш	[bɪkeʃ]

Balança	Таразы	[tarazi]
Escorpião	Шаян	[ʃajan]
Sagitário	Садақшы	[sadaqʃi]
Capricórnio	Ешкімүйіз	[eʃkimʉjiz]
Aquário	Дәлу	[dælu]
Peixes	Балық	[baliq]

caráter (m)	мінез-құлық	[minez qʋliq]
traços (m pl) do caráter	мінез ерекшеліктері	[minez erekʃælikteri]
comportamento (m)	тәлім	[tælim]
predizer (vt)	бал ашу	[bal aʃu]
adivinha (f)	балгер	[balger]
horóscopo (m)	жұлдыз жорамалы	[ʒʋldiz ʒoramali]

Artes

124. Teatro

teatro (m)	театр	[teatr]
ópera (f)	опера	[opera]
opereta (f)	оперетта	[operetta]
balé (m)	балет	[balet]
cartaz (m)	жарқағаз	[ʒarqaɣaz]
companhia (f) teatral	труппа	[truppa]
turné (digressão)	гастроль	[gastrolʲ]
estar em turné	гастрольде жүру	[gastrolʲde ʒʉru]
ensaiar (vt)	дайындау	[dajïndau]
ensaio (m)	репетиция	[repetïtsïja]
repertório (m)	репертуар	[repertuar]
apresentação (f)	көрініс	[kørinis]
espetáculo (m)	спектакль	[spektaklʲ]
peça (f)	пьеса	[pʲesa]
bilhete (m)	билет	[bïlet]
bilheteira (f)	билет кассасы	[bïlet kassasï]
hall (m)	холл	[holl]
guarda-roupa (m)	гардероб	[garderob]
senha (f) numerada	нөмір	[nømir]
binóculo (m)	дүрбі	[dʉrbi]
lanterninha (m)	бақылаушы	[baqïlauʃï]
plateia (f)	партер	[parter]
balcão (m)	балкон	[balkon]
primeiro balcão (m)	бельэтаж	[belʲætaʒ]
camarote (m)	ложа	[loʒa]
fila (f)	қатар	[qatar]
assento (m)	орын	[orin]
público (m)	жұрт	[ʒʊrt]
espetador (m)	көрермен	[kørermen]
aplaudir (vt)	қол шапалақтау	[qol ʃapalaqtau]
aplausos (m pl)	қол шапалақтау	[qol ʃapalaqtau]
ovação (f)	қол шапалақтау	[qol ʃapalaqtau]
palco (m)	сахна	[sahna]
pano (m) de boca	шымылдық	[ʃïmïldïq]
cenário (m)	декорация	[dekoratsïja]
bastidores (m pl)	ықтырма	[ïqtïrma]
cena (f)	көрініс	[kørinis]
ato (m)	акт	[akt]
entreato (m)	антракт	[antrakt]

125. Cinema

ator (m)	актер	[aktør]
atriz (f)	актриса	[aktrısa]
cinema (m)	кино	[kıno]
filme (m)	кино	[kıno]
episódio (m)	серия	[serıja]
filme (m) policial	детектив	[detektıv]
filme (m) de ação	боевик	[boevık]
filme (m) de aventuras	қызық оқиғалы фильм	[qiziq oqiɣali fılʲm]
filme (m) de ficção científica	қиялдыфильм	[qıjaldifilʲm]
filme (m) de terror	қорқыныш фильм	[qorqiniʃ fılʲm]
comédia (f)	кинокомедия	[kınokomedıja]
melodrama (m)	мелодрама	[melodrama]
drama (m)	драма	[drama]
filme (m) ficcional	көркем фильм	[kørkem fılʲm]
documentário (m)	деректі фильм	[derekti fılʲm]
desenho (m) animado	мультфильм	[mulʲtfılʲm]
cinema (m) mudo	дыбыссыз кино	[dibissiz kıno]
papel (m)	рөл	[røl]
papel (m) principal	бас рөлі	[bas røli]
representar (vt)	ойнау	[ojnau]
estrela (f) de cinema	кино жұлдызы	[kıno ʒuldizi]
conhecido	әйгілі	[æjgili]
famoso	атақты	[ataqti]
popular	әйгілі	[æjgili]
argumento (m)	сценарий	[stsænarıj]
argumentista (m)	сценарист	[stsænarıst]
realizador (m)	режиссер	[reʒıssør]
produtor (m)	продюсер	[prodjuser]
assistente (m)	ассистент	[assıstent]
diretor (m) de fotografia	оператор	[operator]
duplo (m)	каскадер	[kaskadør]
filmar (vt)	фильм түсіру	[fılʲm tusiru]
audição (f)	сынама	[sinama]
filmagem (f)	түсіру	[tusiru]
equipe (f) de filmagem	түсіру тобы	[tusiru tobi]
set (m) de filmagem	түсіру алаңы	[tusiru alaŋi]
câmara (f)	кинокамера	[kınokamera]
cinema (m)	кинотеатр	[kınoteatr]
ecrã (m), tela (f)	экран	[ɛkran]
exibir um filme	фильм көрсету	[fılʲm kørsetu]
pista (f) sonora	дыбыс жолы	[dibis ʒoli]
efeitos (m pl) especiais	арнаулы эффектер	[arnauli ɛffekter]
legendas (f pl)	субтитрлер	[subtıtrler]

| crédito (m) | титрлер | [tɪtrler] |
| tradução (f) | аудармa | [audarma] |

126. Pintura

arte (f)	өнер	[øner]
belas-artes (f pl)	әсем өнерлер	[æsem ønerler]
galeria (f) de arte	галерея	[galereja]
exposição (f) de arte	суреттер көрмесі	[suretter kørmesi]

pintura (f)	сурет өнері	[suret øneri]
arte (f) gráfica	графика	[grafɪka]
arte (f) abstrata	абстракционизм	[abstraktsɪonɪzm]
impressionismo (m)	импрессионизм	[ɪmpressɪonɪzm]

pintura (f), quadro (m)	сурет	[suret]
desenho (m)	сурет	[suret]
cartaz, póster (m)	плакат	[plakat]

ilustração (f)	суреттеме	[suretteme]
miniatura (f)	миниатюра	[mɪnɪatjura]
cópia (f)	көшірме	[køʃɪrme]
reprodução (f)	көшірім	[køʃɪrim]

mosaico (m)	мозаика	[mozaɪka]
vitral (m)	витраж	[vɪtraʒ]
fresco (m)	фреска	[freska]
gravura (f)	беземе	[bezeme]

busto (m)	кеуіт	[kewit]
escultura (f)	мүсін	[mʉsin]
estátua (f)	мүсін	[mʉsin]
gesso (m)	гипс	[gɪps]
em gesso	гипстен	[gɪpsten]

retrato (m)	портрет	[portret]
autorretrato (m)	автопортрет	[avtoportret]
paisagem (f)	пейзаж	[pejzaʒ]
natureza (f) morta	натюрморт	[natjurmort]
caricatura (f)	карикатура	[karɪkatura]
esboço (m)	нобай	[nobaj]

tinta (f)	бояу	[bojau]
aguarela (f)	акварель	[akvarelʲ]
óleo (m)	май	[maj]
lápis (m)	қарындаш	[qarindaʃ]
tinta da China (f)	тушь	[tuʃ]
carvão (m)	көмір	[kømir]

desenhar (vt)	сурет салу	[suret salu]
pintar (vt)	сурет салу	[suret salu]
posar (vi)	бір қалыптан қозғалмау	[bir qaliptan qozɣalmau]
modelo (m)	натуршы	[naturʃi]
modelo (f)	натуршы	[naturʃi]

pintor (m)	суретші	[suretʃi]
obra (f)	шығарма	[ʃiɣarma]
obra-prima (f)	біртума	[birtuma]
estúdio (m)	шеберхана	[ʃæberhana]

tela (f)	кенеп	[kenep]
cavalete (m)	мольберт	[molʲbert]
paleta (f)	бояу тақтайша	[bojau taqtajʃa]

moldura (f)	жақтау	[ʒaqtau]
restauração (f)	қалпына келтіру	[qalpina keltiru]
restaurar (vt)	қалпына келтіру	[qalpina keltiru]

127. Literatura & Poesia

literatura (f)	әдебиет	[ædebiet]
autor (m)	автор	[avtor]
pseudónimo (m)	бүркеншік ат	[burkenʃik at]

livro (m)	кітап	[kitap]
volume (m)	том	[tom]
índice (m)	мазмұны	[mazmuni]
página (f)	бет	[bet]
protagonista (m)	бас кейіпкер	[bas kejipker]
autógrafo (m)	қолтаңба	[qoltaŋba]

conto (m)	әңгіме	[æŋgime]
novela (f)	повесть	[povestʲ]
romance (m)	роман	[roman]
obra (f)	шығарма	[ʃiɣarma]
fábula (m)	мысал	[misal]
romance (m) policial	детектив	[detektiv]
poesia (obra)	өлең	[øleŋ]
poesia (arte)	поэзия	[poɛzija]
poema (m)	дастан	[dastan]
poeta (m)	ақын	[aqin]

ficção (f)	беллетристика	[belletristika]
ficção (f) científica	ғылыми фантастика	[ɣilimi fantastika]
aventuras (f pl)	қызық оқиғалар	[qiziq oqiɣalar]
literatura (f) didática	оқу әдебиеті	[oqu ædebieti]
literatura (f) infantil	балалар әдебиеті	[balalar ædebieti]

128. Circo

circo (m)	цирк	[tsirk]
circo (m) ambulante	цирк-шапито	[tsirk ʃapito]
programa (m)	бағдарлама	[baɣdarlama]
apresentação (f)	көрініс	[kørinis]

| número (m) | нөмір | [nømir] |
| arena (f) | арена | [arena] |

| pantomima (f) | пантомима | [pantomıma] |
| palhaço (m) | клоун | [kloun] |

acrobata (m)	акробат	[akrobat]
acrobacia (f)	акробатика	[akrobatıka]
ginasta (m)	гимнаст	[gımnast]
ginástica (f)	гимнастика	[gımnastıka]
salto (m) mortal	сальто	[salʲto]

homem forte (m)	атлет	[atlet]
domador (m)	жуасытушы	[ʒuasituʃi]
cavaleiro (m) equilibrista	атбегі	[atbegi]
assistente (m)	ассистент	[assıstent]

truque (m)	трюк	[trjuk]
truque (m) de mágica	фокус	[fokus]
mágico (m)	сиқыршы	[sıqirʃi]

malabarista (m)	жонглер	[ʒonglør]
fazer malabarismos	жонглерлік ету	[ʒonglerlik etu]
domador (m)	үйретуші	[ʉjretuʃi]
adestramento (m)	үйрету	[ʉjretu]
adestrar (vt)	үйрету	[ʉjretu]

129. Música. Música popular

música (f)	музыка	[muzika]
músico (m)	сырнайшы	[sırnajʃi]
instrumento (m) musical	музыкалық аспап	[muzikaliq aspap]
tocar ...	ойнау ...	[ojnau]

guitarra (f)	гитар	[gıtar]
violino (m)	скрипка	[skrıpka]
violoncelo (m)	виолончель	[vıolonʧelʲ]
contrabaixo (m)	контрабас	[kontrabas]
harpa (f)	арфа	[arfa]

piano (m)	пианино	[pıanıno]
piano (m) de cauda	рояль	[rojalʲ]
órgão (m)	орган	[organ]

instrumentos (m pl) de sopro	үрмелі аспаптар	[ʉrmeli aspaptar]
oboé (m)	гобой	[goboj]
saxofone (m)	саксофон	[saksofon]
clarinete (m)	кларнет	[klarnet]
flauta (f)	флейта	[flejta]
trompete (m)	керней	[kernej]

| acordeão (m) | аккордеон | [akkordeon] |
| tambor (m) | дағыра | [daɣira] |

duo, dueto (m)	дуэт	[duɛt]
trio (m)	үштік	[ʉʃtik]
quarteto (m)	квартет	[kvartet]

coro (m)	хор	[hor]
orquestra (f)	оркестр	[orkestr]
música (f) pop	поп-музыка	[pop muzika]
música (f) rock	рок-музыка	[rok muzika]
grupo (m) de rock	рок-топ	[rok top]
jazz (m)	джаз	[dʒaz]
ídolo (m)	пір	[pir]
fã, admirador (m)	табынушы	[tabinuʃi]
concerto (m)	концерт	[kontsert]
sinfonia (f)	симфония	[sɪmfonɪja]
composição (f)	шығарма	[ʃiɣarma]
compor (vt)	жазу	[ʒazu]
canto (m)	ән айту	[æn ajtu]
canção (f)	ән	[æn]
melodia (f)	әуен	[æwen]
ritmo (m)	ырғақ	[irɣaq]
blues (m)	блюз	[bljuz]
notas (f pl)	ноталар	[notalar]
batuta (f)	дирижер таяқшасы	[dɪrɪʒor tajaqʃasi]
arco (m)	ысқы	[isqï]
corda (f)	ішек	[iʃæk]
estojo (m)	қын	[qin]

Descanso. Entretenimento. Viagens

130. Viagens

turismo (m)	туризм	[turɪzm]
turista (m)	турист	[turɪst]
viagem (f)	саяхат	[sajahat]
aventura (f)	оқиға	[oqɪɣa]
viagem (f)	сапар	[sapar]
férias (f pl)	демалыс	[demalis]
estar de férias	демалыста болу	[demalista bolu]
descanso (m)	демалу	[demalu]
comboio (m)	пойыз	[pojɪz]
de comboio (chegar ~)	пойызбен	[pojɪzben]
avião (m)	ұшақ	[uʃaq]
de avião	ұшақпен	[uʃaqpen]
de carro	автомобильде	[avtomobilʲde]
de navio	кемеде	[kemede]
bagagem (f)	жолжүк	[ʒolʒʉk]
mala (f)	шабадан	[ʃabadan]
carrinho (m)	жүкке арналған арбаша	[ʒʉkke arnalɣan arbaʃa]
passaporte (m)	паспорт	[pasport]
visto (m)	виза	[vɪza]
bilhete (m)	билет	[bɪlet]
bilhete (m) de avião	авиабилет	[avɪabɪlet]
guia (m) de viagem	жол көрсеткіш	[ʒol kørsetkiʃ]
mapa (m)	карта	[karta]
local (m), area (f)	атырап	[atirap]
lugar, sítio (m)	мекен	[meken]
exotismo (m)	экзотика	[ɛkzotɪka]
exótico	экзотикалық	[ɛkzotɪkaliq]
surpreendente	таңғажайып	[taŋɣaʒajip]
grupo (m)	группа	[gruppa]
excursão (f)	экскурсия	[ɛkskursɪja]
guia (m)	экскурсия жетекшісі	[ɛkskursɪja ʒetekʃisi]

131. Hotel

hotel (m)	қонақ үй	[qonaq ʉj]
motel (m)	мотель	[motɛlʲ]
três estrelas	үш жұлдыз	[ʉʃ ʒʉldiz]

| cinco estrelas | бес жұлдыз | [bes ʒuldiz] |
| ficar (~ num hotel) | тоқтау | [toqtau] |

quarto (m)	нөмір	[nømir]
quarto (m) individual	бір адамдықнөмір	[bir adamdiqnømir]
quarto (m) duplo	екі адамдық нөмір	[eki adamdiq nømir]
reservar um quarto	нөмірді броньдау	[nømirdi bronʲdau]

| meia pensão (f) | жартылай пансион | [ʒartilaj pansıon] |
| pensão (f) completa | толық пансион | [toliq pansıon] |

com banheira	ваннамен	[vanamen]
com duche	душпен	[duʃpen]
televisão (m) satélite	спутник теледидары	[sputnık teledıdari]
ar (m) condicionado	кондиционер	[kondıtsıoner]
toalha (f)	орамал	[oramal]
chave (f)	кілт	[kilt]

administrador (m)	әкімші	[ækimʃi]
camareira (f)	қызметші әйел	[qizmetʃi æjel]
bagageiro (m)	жүкші	[ʒukʃi]
porteiro (m)	портье	[portʲe]

restaurante (m)	мейрамхана	[mejramhana]
bar (m)	бар	[bar]
pequeno-almoço (m)	ертеңгілік тамақ	[erteŋgilik tamaq]
jantar (m)	кешкі тамақ	[keʃki tamaq]
buffet (m)	шведтік үстел	[ʃvedtiq ustel]

| hall (m) de entrada | вестибюль | [vestıbjulʲ] |
| elevador (m) | жеделсаты | [ʒedelsati] |

| NÃO PERTURBE | МАЗАЛАМАУ | [mazalamau] |
| PROIBIDO FUMAR! | ТЕМЕКІ ТАРТПАУ | [temeki tartpau] |

132. Livros. Leitura

livro (m)	кітап	[kitap]
autor (m)	автор	[avtor]
escritor (m)	жазушы	[ʒazuʃi]
escrever (vt)	жазу	[ʒazu]

leitor (m)	оқырман	[oqirman]
ler (vt)	оқу	[oqu]
leitura (f)	оқылым	[oqiłim]

| para si | ішінен оқу | [iʃinen oqu] |
| em voz alta | дауыстап | [dawistap] |

publicar (vt)	басып шығару	[basip ʃiɣaru]
publicação (f)	басылым	[basiłim]
editor (m)	баспашы	[baspaʃi]
editora (f)	баспа	[baspa]
sair (vi)	шығу	[ʃiɣu]

| lançamento (m) | шығуы | [ʃiɣui] |
| tiragem (f) | таралым | [taralim] |

| livraria (f) | кітап дүкені | [kitap dükeni] |
| biblioteca (f) | кітапхана | [kitaphana] |

novela (f)	повесть	[povestʲ]
conto (m)	әңгіме	[æŋgime]
romance (m)	роман	[roman]
romance (m) policial	детектив	[detektıv]

memórias (f pl)	ғұмырнама	[ɣumirnama]
lenda (f)	аңыз	[aŋiz]
mito (m)	миф	[mif]

poesia (f)	өлеңдер	[øleŋder]
autobiografia (f)	өмірбаян	[ømirbajan]
obras (f pl) escolhidas	таңдамалы	[taŋdamali]
ficção (f) científica	фантастика	[fantastıka]

título (m)	аталым	[atalim]
introdução (f)	алғысөз	[alɣisøz]
folha (f) de rosto	сыртқы беті	[sirtqi beti]

capítulo (m)	бөлім	[bølim]
excerto (m)	үзінді	[üzindi]
episódio (m)	эпизод	[ɛpızod]

tema (m)	сюжет	[sjuʒɛt]
conteúdo (m)	мазмұны	[mazmuni]
índice (m)	мазмұны	[mazmuni]
protagonista (m)	бас кейіпкер	[bas kejipker]

tomo, volume (m)	том	[tom]
capa (f)	тыс	[tis]
encadernação (f)	мұқаба	[muqaba]
marcador (m) de livro	белгі	[belgi]

página (f)	бет	[bet]
folhear (vt)	парақтау	[paraqtau]
margem (f)	шектер	[ʃækter]
anotação (f)	белгі	[belgi]
nota (f) de rodapé	ескерту	[eskertu]

texto (m)	мәтін	[mætin]
fonte (f)	шрифт	[ʃrift]
gralha (f)	жаңсақ басылу	[ʒaŋsaq basilu]

tradução (f)	аударма	[audarma]
traduzir (vt)	аудару	[audaru]
original (m)	түпнұсқа	[tupnusqa]

famoso	белгілі	[belgili]
desconhecido	бейтаныс	[bejtanis]
interessante	қызықты	[qiziqti]
best-seller (m)	бестселлер	[bestseller]

dicionário (m)	сөздік	[søzdik]
manual (m) escolar	окулық	[okułiq]
enciclopédia (f)	энциклопедия	[ɛntsıklopedıja]

133. Caça. Pesca

caça (f)	аулау	[aulau]
caçar (vi)	аулау	[aulau]
caçador (m)	аңшы	[aŋʃi]

atirar (vi)	ату	[atu]
caçadeira (f)	мылтық	[miłtiq]
cartucho (m)	патрон	[patron]
chumbo (m) de caça	бытыра	[bitira]

armadilha (f)	қақпан	[qaqpan]
armadilha (com corda)	дұзақ	[duzaq]
cair na armadilha	торға түсу	[torɣa tusu]
pôr a armadilha	қақпан жасау	[qaqpan ʒasau]

caçador (m) furtivo	браконьер	[brakonʲer]
caça (f)	жабайы құс	[ʒabaji qus]
cão (m) de caça	аң аулайтын ит	[aŋ aulajtin ıt]
safári (m)	сафари	[safarı]
animal (m) empalhado	тұлып	[tułip]

pescador (m)	балықшы	[baliqʃi]
pesca (f)	балық аулау	[baliq aulau]
pescar (vt)	балық аулау	[baliq aulau]

cana (f) de pesca	қармақ	[qarmaq]
linha (f) de pesca	қармақ бауы	[qarmaq bawi]
anzol (m)	ілмек	[ilmek]

| boia (f) | қалтқы | [qaltqi] |
| isca (f) | жем | [ʒem] |

| lançar a linha | қармақ тастау | [qarmaq tastau] |
| morder (vt) | қабу | [qabu] |

| pesca (f) | ауланған балық | [aulanɣan baliq] |
| buraco (m) no gelo | ойық | [ojiq] |

| rede (f) | ау | [au] |
| barco (m) | қайық | [qajiq] |

pescar com rede	аумен аулау	[aumen aulau]
lançar a rede	ау тастау	[au tastau]
puxar a rede	ау суыру	[au suiru]
cair nas malhas	ауға түсу	[auɣa tusu]

baleeiro (m)	кит аулаушы	[kıt aulauʃi]
baleeira (f)	кит аулау қайығы	[kıt aulau qajiɣi]
arpão (m)	гарпун	[garpun]

134. Jogos. Bilhar

bilhar (m)	бильярд	[bılʲard]
sala (f) de bilhar	бильярдхана	[bılʲardhana]
bola (f) de bilhar	бильярд тасы	[bılʲard tasi]
embolsar uma bola	шар кіргізу	[ʃar kirgizu]
taco (m)	кий	[kıj]
caçapa (f)	луза	[luza]

135. Jogos. Jogar cartas

ouros (m pl)	қиық	[qɨq]
espadas (f pl)	қарға	[qarɣa]
copas (f pl)	түйетабан	[tʉjetaban]
paus (m pl)	шытыр	[ʃitir]
ás (m)	тұз	[tʊz]
rei (m)	король	[korolʲ]
dama (f)	мәтке	[mætke]
valete (m)	балта	[balta]
carta (f) de jogar	карта	[karta]
cartas (f pl)	карталар	[kartalar]
trunfo (m)	көзір	[køzir]
baralho (m)	колода	[koloda]
ponto (m)	ұпай	[ʊpaj]
dar, distribuir (vt)	беру	[beru]
embaralhar (vt)	араластыру	[aralastiru]
vez, jogada (f)	жүріс	[ʒʉris]
batoteiro (m)	алаяқ	[alajaq]

136. Descanso. Jogos. Diversos

passear (vi)	серуендеу	[seruendeu]
passeio (m)	серуен	[seruen]
viagem (f) de carro	сейілдеу	[sejildeu]
aventura (f)	оқиға	[oqɪɣa]
piquenique (m)	серуен	[seruen]
jogo (m)	ойын	[ojin]
jogador (m)	ойыншы	[ojinʃi]
partida (f)	партия	[partɪja]
colecionador (m)	коллекция жиюшы	[kollektsɪja ʒijuʃi]
colecionar (vt)	коллекция жинау	[kollektsɪja ʒɪnau]
coleção (f)	коллекция	[kollektsɪja]
palavras (f pl) cruzadas	сөзжұмбақ	[søzʒʊmbaq]
hipódromo (m)	ипподром	[ɪppodrom]

discoteca (f)	дискотека	[dɪskoteka]
sauna (f)	сауна	[sauna]
lotaria (f)	лотерея	[lotereja]

campismo (m)	жорық	[ʒorik]
acampamento (m)	лагерь	[lagerʲ]
tenda (f)	шатыр	[ʃatir]
bússola (f)	компас	[kompas]
campista (m)	саяхатшы	[sajahatʃɪ]

ver (vt), assistir à …	қарау	[qarau]
telespectador (m)	телекөрермен	[telekørermen]
programa (m) de TV	телехабар	[telehabar]

137. Fotografia

| máquina (f) fotográfica | фотоаппарат | [fotoapparat] |
| foto, fotografia (f) | бейнесүрет | [bejnesʉret] |

fotógrafo (m)	фотограф	[fotograf]
estúdio (m) fotográfico	фотостудия	[fotostudɪja]
álbum (m) de fotografias	фотоальбом	[fotoalʲbom]

objetiva (f)	объектив	[obˀektɪv]
teleobjetiva (f)	телеобъектив	[teleobˀektɪv]
filtro (m)	сүзгі	[sʉzgi]
lente (f)	линза	[lɪnza]

ótica (f)	оптика	[optɪka]
abertura (f)	диафрагма	[dɪafragma]
exposição (f)	түсіру уақыты	[tʉsiru waqɪtɪ]
visor (m)	көрсеткіш тетік	[kørsetkɪʃ tetik]

câmara (f) digital	сандық камера	[sandiq kamera]
tripé (m)	таяныш	[tajaniʃ]
flash (m)	жарқылдақ	[ʒarqɨldaq]

fotografar (vt)	суретке түсіру	[suretke tʉsiru]
tirar fotos	суретке түсіру	[suretke tʉsiru]
fotografar-se	суретке түсу	[suretke tʉsu]

foco (m)	айқындық	[ajqɨndiq]
focar (vt)	айқындыққа дәлдеу	[ajqɨndiqqa dældeu]
nítido	айқын	[ajqɨn]
nitidez (f)	айқындық	[ajqɨndiq]

| contraste (m) | қарсыластық | [qarsɨlastiq] |
| contrastante | қарама-қарсы | [qarama qarsɨ] |

retrato (m)	сурет, фото	[suret], [foto]
negativo (m)	негатив	[negatɪv]
filme (m)	фотопленка	[fotoplønka]
fotograma (m)	кадр	[kadr]
imprimir (vt)	басып шығару	[basɨp ʃiɣaru]

138. Praia. Natação

praia (f)	жағажай	[ʒaɣaʒaj]
areia (f)	құм	[qʊm]
deserto	елсіз	[elsiz]

bronzeado (m)	күнге күю	[kʉnge kʉju]
bronzear-se (vr)	күнге күю	[kʉnge kʉju]
bronzeado	күнге күйген	[kʉnge kʉjgen]
protetor (m) solar	қараюға арналған иіс май	[qarajuɣa arnalɣan ɪis maj]

biquíni (m)	бикини	[bɪkɪnɪ]
fato (m) de banho	суға түсу киімі	[suɣa tʉsu kɪimi]
calção (m) de banho	суға түсу дамбалы	[suɣa tʉsu dambalɪ]

piscina (f)	бассейн	[bassejn]
nadar (vi)	жүзу	[ʒʉzu]
duche (m)	душ	[duʃ]
mudar de roupa	қайта киіну	[qajta kɪinu]
toalha (f)	орамал	[oramal]

barco (m)	қайық	[qajɪq]
lancha (f)	кішкене кеме	[kɪʃkene keme]
esqui (m) aquático	су шаңғысы	[su ʃaŋɣɪsɪ]
barco (m) de pedais	су велосипеды	[su velosɪpedɪ]
surf (m)	серфинг	[serfɪng]
surfista (m)	серфингист	[serfɪngɪst]

equipamento (m) de mergulho	акваланг	[akvalang]
barbatanas (f pl)	ескекаяқ	[eskekajaq]
máscara (f)	томаған	[tomaɣap]
mergulhador (m)	сүңгігіш	[sʉŋgigiʃ]
mergulhar (vi)	сүңгу	[sʉŋgu]
debaixo d'água	су астында	[su astɪnda]

guarda-sol (m)	қол шатыр	[qol ʃatir]
espreguiçadeira (f)	шезлонг	[ʃæzlong]
óculos (m pl) de sol	көзілдірік	[køzildirik]
colchão (m) de ar	жүзу матрасы	[ʒʉzu matrasɪ]

brincar (vi)	ойнау	[ojnau]
ir nadar	шомылу	[ʃomïlu]

bola (f) de praia	доп	[dop]
encher (vt)	үрлеу	[ʉrleu]
inflável, de ar	үрлемелі	[ʉrlemeli]

onda (f)	толқын	[tolqin]
boia (f)	буй	[buj]
afogar-se (pessoa)	бату	[batu]

salvar (vt)	құтқару	[qʊtqaru]
colete (m) salva-vidas	құтқару жилеті	[qʊtqaru ʒɪleti]
observar (vt)	бақылау	[baqïlau]
nadador-salvador (m)	құтқарушы	[qʊtqaruʃɪ]

EQUIPAMENTO TÉCNICO. TRANSPORTES

Equipamento técnico. Transportes

139. Computador

computador (m)	компьютер	[kompʲuter]
portátil (m)	ноутбук	[noutbuk]
ligar (vt)	қосу	[qosu]
desligar (vt)	сөндіру	[søndiru]
teclado (m)	клавиатура	[klavıatura]
tecla (f)	клавиш	[klavıʃ]
rato (m)	тышқан	[tiʃqan]
tapete (m) de rato	кілемше	[kilemʃæ]
botão (m)	түйме	[tujme]
cursor (m)	курсор	[kursor]
monitor (m)	монитор	[monıtor]
ecrã (m)	экран	[ɛkran]
disco (m) rígido	катты диск	[katti dısk]
capacidade (f) do disco rígido	катты дискінің көлемі	[katti dıskiniŋ kølemi]
memória (f)	зерде	[zerde]
memória RAM (f)	оперативтік зерде	[operatıvtik zerde]
ficheiro (m)	файл	[fajl]
pasta (f)	папка	[papka]
abrir (vt)	ашу	[aʃu]
fechar (vt)	жабу	[ʒabu]
guardar (vt)	сақтау	[saqtau]
apagar, eliminar (vt)	кетіру	[ketiru]
copiar (vt)	көшіріп алу	[køʃirip alu]
ordenar (vt)	сұрыптау	[suriptau]
copiar (vt)	қайта көшіру	[qajta køʃiru]
programa (m)	бағдарлама	[baɣdarlama]
software (m)	бағдарламалық қамсыздандыру	[baɣdarlamaliq qamsizdandiru]
programador (m)	бағдарламаушы	[baɣdarlamauʃi]
programar (vt)	бағдарламалау	[baɣdarlamalau]
hacker (m)	хакер	[haker]
senha (f)	пароль	[parolʲ]
vírus (m)	вирус	[vırus]
detetar (vt)	табу	[tabu]

| byte (m) | байт | [bajt] |
| megabyte (m) | мегабайт | [megabajt] |

| dados (m pl) | деректер | [derekter] |
| base (f) de dados | дереккор | [derekqor] |

cabo (m)	шоғырсым	[ʃoɣirsim]
desconectar (vt)	үзіп тастау	[ʉzip tastau]
conetar (vt)	қосу	[qosu]

140. Internet. E-mail

internet (f)	интернет	[internet]
browser (m)	браузер	[brauzer]
motor (m) de busca	іздестіру ресурсы	[izdestiru resursi]
provedor (m)	провайдер	[provajder]

webmaster (m)	веб-мастер	[veb master]
website, sítio web (m)	веб-сайт	[veb sajt]
página (f) web	веб-бет	[veb bet]

| endereço (m) | мекен жай | [meken ʒaj] |
| livro (m) de endereços | мекен жай кітабы | [meken ʒaj kitabi] |

caixa (f) de correio	пошта жәшігі	[poʃta ʒæʃigi]
correio (m)	пошта	[poʃta]
cheia (caixa de correio)	лық толған	[liq tolɣan]

mensagem (f)	хабарлама	[habarlama]
mensagens (f pl) recebidas	кіріс хабарламалары	[kiris habarlamalari]
mensagens (f pl) enviadas	шығыс хабарламалары	[ʃiɣis habarlamalari]

remetente (m)	жіберуші	[ʒiberuʃi]
enviar (vt)	жіберу	[ʒiberu]
envio (m)	жөнелтім	[ʒøneltim]

| destinatário (m) | алушы | [aluʃi] |
| receber (vt) | алу | [alu] |

| correspondência (f) | қатынасхаттар | [qatinashattar] |
| corresponder-se (vr) | хат жазысу | [hat ʒazisu] |

ficheiro (m)	файл	[fajl]
fazer download, baixar	көшіру	[køʃiru]
criar (vt)	жасау	[ʒasau]
apagar, eliminar (vt)	кетіру	[ketiru]
eliminado	кетірілген	[ketirilgen]

conexão (f)	байланыс	[bajlanis]
velocidade (f)	жылдамдық	[ʒildamdiq]
modem (m)	модем	[modem]
acesso (m)	кіру мүмкіндігі	[kiru mʉmkindigi]
porta (f)	порт	[port]
conexão (f)	қосылу	[qosilu]

conetar (vi)	қосылу	[qosılu]
escolher (vt)	таңдау	[taŋdau]
buscar (vt)	іздеу	[izdeu]

Transportes

141. Avião

avião (m)	ұшақ	[ʊʃaq]
bilhete (m) de avião	авиабилет	[avɪabɪlet]
companhia (f) aérea	авиакомпания	[avɪakompanɪja]
aeroporto (m)	әуежай	[æweʒaj]
supersónico	дыбыстан жүйрік	[dɪbistan ʒʉjrik]
comandante (m) do avião	кеме командирі	[keme komandɪri]
tripulação (f)	экипаж	[ɛkɪpaʒ]
piloto (m)	ұшқыш	[ʊʃqiʃ]
hospedeira (f) de bordo	аспансерік	[aspanserik]
copiloto (m)	штурман	[ʃturman]
asas (f pl)	қанаттар	[qanattar]
cauda (f)	құйрық	[qujriq]
cabine (f) de pilotagem	кабина	[kabɪna]
motor (m)	қозғалтқыш	[qozɣaltqiʃ]
trem (m) de aterragem	шасси	[ʃassɪ]
turbina (f)	турбина	[turbɪna]
hélice (f)	пропеллер	[propeller]
caixa-preta (f)	қара жәшік	[qara ʒæʃik]
coluna (f) de controlo	штурвал	[ʃturval]
combustível (m)	жағармай	[ʒaɣarmaj]
instruções (f pl) de segurança	нұсқама	[nʊsqama]
máscara (f) de oxigénio	оттегі маскасы	[ottegi maskasi]
uniforme (m)	униформа	[unɪforma]
colete (m) salva-vidas	құтқару жилеті	[qʊtqaru ʒɪleti]
paraquedas (m)	парашют	[paraʃut]
descolagem (f)	ұшып көтерілу	[ʊʃip køterilu]
descolar (vi)	ұшып көтерілу	[ʊʃip køterilu]
pista (f) de descolagem	ұшу алаңы	[ʊʃu alaŋi]
visibilidade (f)	көріну	[kørinu]
voo (m)	ұшу	[ʊʃu]
altura (f)	биіктік	[bɪiktik]
poço (m) de ar	әуе құдығы	[æwe qundɪɣi]
assento (m)	орын	[orin]
auscultadores (m pl)	құлаққап	[qʊlaqqap]
mesa (f) rebatível	қайырмалы үстел	[qajirmali ʉstel]
vigia (f)	иллюминатор	[ɪlljumɪnator]
passagem (f)	өткел	[øtkel]

142. Comboio

comboio (m)	пойыз	[pojiz]
comboio (m) suburbano	электричка	[ɛlektrɪtʃka]
comboio (m) rápido	жүрдек пойыз	[ʒʉrdek pojiz]
locomotiva (f) diesel	тепловоз	[teplovoz]
locomotiva (f) a vapor	паровоз	[parovoz]
carruagem (f)	вагон	[vagon]
carruagem restaurante (f)	вагон-ресторан	[vagon restoran]
carris (m pl)	рельстер	[relʲster]
caminho de ferro (m)	темір жол	[temir ʒol]
travessa (f)	шпал	[ʃpal]
plataforma (f)	платформа	[platforma]
linha (f)	жол	[ʒol]
semáforo (m)	семафор	[semafor]
estação (f)	станция	[stantsija]
maquinista (m)	машинист	[maʃınıst]
bagageiro (m)	жүк тасушы	[ʒʉk tasuʃi]
hospedeiro, -a (da carruagem)	жолбасшы	[ʒolbasʃi]
passageiro (m)	жолаушы	[ʒolauʃi]
revisor (m)	бақылаушы	[baqılauʃi]
corredor (m)	дәліз	[dæliz]
freio (m) de emergência	тоқтату краны	[toqtatu krani]
compartimento (m)	купе	[kupe]
cama (f)	сөре	[søre]
cama (f) de cima	жоғарғы сөре	[ʒoɣarɣɨ søre]
cama (f) de baixo	төменгі сөре	[tømengi søre]
roupa (f) de cama	төсек-орын жабдығы	[tøsek orin ʒabdiɣɨ]
bilhete (m)	билет	[bılet]
horário (m)	кесте	[keste]
painel (m) de informação	табло	[tablo]
partir (vt)	шегіну	[ʃæginu]
partida (f)	пойыздың жүруі	[pojizdiŋ ʒʉrui]
chegar (vi)	келу	[kelu]
chegada (f)	келу	[kelu]
chegar de comboio	пойызбен келу	[pojizben kelu]
apanhar o comboio	пойызға отыру	[pojizɣa otiru]
sair do comboio	пойыздан шығу	[pojizdan ʃiɣu]
acidente (m) ferroviário	апат	[apat]
locomotiva (f) a vapor	паровоз	[parovoz]
fogueiro (m)	от жағушы	[ot ʒaɣuʃi]
fornalha (f)	оттық	[ottiq]
carvão (m)	көмір	[kømir]

143. Barco

navio (m)	кеме	[keme]
embarcação (f)	кеме	[keme]
vapor (m)	пароход	[parohod]
navio (m)	теплоход	[teplohod]
transatlântico (m)	лайнер	[lajner]
cruzador (m)	крейсер	[krejser]
iate (m)	яхта	[jahta]
rebocador (m)	буксир	[buksır]
barcaça (f)	баржа	[barʒa]
ferry (m)	паром	[parom]
veleiro (m)	желкенші	[ʒelkenʃi]
bergantim (m)	бригантина	[brıgantına]
quebra-gelo (m)	мұз жарғыш	[muz ʒarɣiʃ]
submarino (m)	сүңгуір қайық	[suŋguir qajiq]
bote, barco (m)	қайық	[qajiq]
bote, dingue (m)	шлюпка	[ʃljupka]
bote (m) salva-vidas	құтқарушы қайық	[qutqaruʃi qajiq]
lancha (f)	кеме	[keme]
capitão (m)	капитан	[kapıtan]
marinheiro (m)	кемеші	[kemeʃi]
marujo (m)	теңізші	[teŋizʃi]
tripulação (f)	экипаж	[ɛkıpaʒ]
contramestre (m)	боцман	[botsman]
grumete (m)	юнга	[junga]
cozinheiro (m) de bordo	кок	[kok]
médico (m) de bordo	кеме дәрігері	[keme dærigeri]
convés (m)	палуба	[paluba]
mastro (m)	діңгек	[diŋgek]
vela (f)	желкен	[ʒelken]
porão (m)	трюм	[trjum]
proa (f)	тұмсық	[tumsiq]
popa (f)	корма	[korma]
remo (m)	ескек	[eskek]
hélice (f)	винт	[vınt]
camarote (m)	каюта	[kajuta]
sala (f) dos oficiais	ортақ бөлме	[ortaq bølme]
sala (f) das máquinas	машина бөлімі	[maʃına bølimi]
ponte (m) de comando	капитан мінбесі	[kapıtan minbesi]
sala (f) de comunicações	радиорубка	[radıorubka]
onda (f) de rádio	толқын	[tolqin]
diário (m) de bordo	кеме журналы	[keme ʒurnali]
luneta (f)	көру дүрбісі	[køru durbisi]
sino (m)	қоңырау	[qoŋirau]

bandeira (f)	ту	[tu]
cabo (m)	арқан	[arqan]
nó (m)	түйін	[tüjin]

| corrimão (m) | тұтқа | [tʊtqa] |
| prancha (f) de embarque | басқыш | [basqiʃ] |

âncora (f)	зәкір	[zækir]
recolher a âncora	зәкірді көтеру	[zækirdi köteru]
lançar a âncora	зәкірді тастау	[zækirdi tastau]
amarra (f)	зәкір шынжыры	[zækir ʃinʒiri]

porto (m)	кемежай	[kemeʒaj]
cais, amarradouro (m)	айлақ	[ajlaq]
atracar (vi)	айлақтау	[ajlaqtau]
desatracar (vi)	қозғалып кету	[qozɣalip ketu]

viagem (f)	саяхат	[sajahat]
cruzeiro (m)	круиз	[kruız]
rumo (m), rota (f)	бағыт	[baɣit]
itinerário (m)	бағдар	[baɣdar]

canal (m) navegável	фарватер	[farvater]
banco (m) de areia	қайыр	[qajir]
encalhar (vt)	тақырға отырып қалу	[taqirɣa otirip qalu]

tempestade (f)	дауыл	[dawil]
sinal (m)	сигнал	[sıgnal]
afundar-se (vr)	бату	[batu]
SOS	SOS	[sos]
boia (f) salva-vidas	құтқару дөңгелегі	[qjutqaru döŋgelegi]

144. Aeroporto

aeroporto (m)	әуежай	[æweʒaj]
avião (m)	ұшақ	[ʊʃaq]
companhia (f) aérea	авиакомпания	[avıakompanıja]
controlador (m) de tráfego aéreo	диспетчер	[dıspetʃer]

partida (f)	ұшу	[ʊʃu]
chegada (f)	ұшып келу	[ʊʃip kelu]
chegar (~ de avião)	ұшып келу	[ʊʃip kelu]

| hora (f) de partida | ұшып шығу уақыты | [ʊʃip ʃiɣu uaqiti] |
| hora (f) de chegada | ұшып келу уақыты | [ʊʃip kelu uaqiti] |

| estar atrasado | кідіру | [kidiru] |
| atraso (m) de voo | ұшып шығудың кідіруі | [ʊʃip ʃiɣudiŋ kidirui] |

painel (m) de informação	ақпараттық табло	[aqparatiq tablo]
informação (f)	ақпарат	[aqparat]
anunciar (vt)	әйгілеу	[æjgileu]

133

voo (m)	рейс	[rejs]
alfândega (f)	кеден	[keden]
funcionário (m) da alfândega	кеденші	[kedenʃi]

declaração (f) alfandegária	декларация	[deklaratsıja]
preencher a declaração	декларацияны толтыру	[deklaratsıjani toltiru]
controlo (m) de passaportes	төлқұжат бақылауы	[tølquʒat baqilaui]

bagagem (f)	жүк	[ʒʉk]
bagagem (f) de mão	қол жүк	[qol ʒʉk]
carrinho (m)	арбаша	[arbaʃa]

aterragem (f)	отырғызу	[otiryizu]
pista (f) de aterragem	отырғызу алабы	[otiryizu alabi]
aterrar (vi)	қону	[qonu]
escada (f) de avião	басқыш	[basqiʃ]

check-in (m)	тіркеу	[tirkeu]
balcão (m) do check-in	тіркеу үлдірігі	[tirkeu ʉldirigi]
fazer o check-in	тіркелу	[tirkelu]
cartão (m) de embarque	отырғызу талоны	[otiryizu taloni]
porta (f) de embarque	шығу	[ʃiyu]

trânsito (m)	транзит	[tranzıt]
esperar (vi, vt)	күту	[kʉtu]
sala (f) de espera	күту залы	[kʉtu zali]
despedir-se de …	ұзату	[uzatu]
despedir-se (vr)	қоштасу	[qoʃtasu]

145. Bicicleta. Motocicleta

bicicleta (f)	велосипед	[velosıped]
scotter, lambreta (f)	мотороллер	[motoroller]
mota (f)	мотоцикл	[mototsıkl]

ir de bicicleta	велосипедпен жүру	[velosıpedpen ʒʉru]
guiador (m)	тұтқа	[tʉtqa]
pedal (m)	педаль	[pedalʲ]
travões (m pl)	тежеуіштер	[teʒewiʃter]
selim (m)	ер-тоқым	[er toqim]

bomba (f) de ar	сорғы	[soryi]
porta-bagagens (m)	жүксалғыш	[ʒʉksalyiʃ]
lanterna (f)	фонарь	[fonarʲ]
capacete (m)	дулыға	[duliya]

roda (f)	дөңгелек	[døŋgelek]
guarda-lamas (m)	қанат	[qanat]
aro (m)	шеңбер	[ʃeŋber]
raio (m)	шабақ	[ʃabaq]

Carros

146. Tipos de carros

carro, automóvel (m)	автокөлік	[avtokølik]
carro (m) desportivo	спорт автомобилі	[sport avtomobıli]
limusine (f)	лимузин	[lımuzın]
todo o terreno (m)	джип	[dʒıp]
descapotável (m)	кабриолет	[kabrıolet]
minibus (m)	шағын автобус	[ʃaɣin avtobus]
ambulância (f)	жедел жәрдем	[ʒedel ʒærdem]
limpa-neve (m)	қар жинаушы машина	[qar ʒınauʃi maʃına]
camião (m)	жүк автомобилі	[ʒʉk avtomobıli]
camião-cisterna (m)	бензин тасымалдаушы	[benzın tasimaldauʃi]
carrinha (f)	фургон	[furgon]
camião-trator (m)	тартқыш	[tartqiʃ]
atrelado (m)	тіркелгіш	[tirkelgiʃ]
confortável	жабдықталған	[ʒabdiqtalɣan]
usado	пайдаланылған	[pajdalanilɣan]

147. Carros. Carroçaria

capô (m)	капот	[kapot]
guarda-lamas (m)	қанат	[qanat]
tejadilho (m)	шатыр	[ʃatir]
para-brisa (m)	желді әйнек	[ʒeldi æjnek]
espelho (m) retrovisor	артқы көрініс айнасы	[artqi kørinis ajnasi]
lavador (m)	жуғыш	[ʒuɣiʃ]
limpa-para-brisas (m)	шыны тазартқыштар	[ʃini tazartqiʃtar]
vidro (m) lateral	бүйір шыны	[bujir ʃini]
elevador (m) do vidro	шыны көтергіш	[ʃini køtergiʃ]
antena (f)	антенна	[antena]
teto solar (m)	люк	[ljuk]
para-choques (m pl)	бампер	[bamper]
bagageira (f)	жүксалғыш	[ʒʉksalɣiʃ]
porta (f)	есік	[esik]
maçaneta (f)	тұтқа	[tʊtqa]
fechadura (f)	құлып	[qʊlip]
matrícula (f)	нөмір	[nømir]
silenciador (m)	бәсеңдеткіш	[bæseŋdetkiʃ]

135

tanque (m) de gasolina	бензин бағы	[benzın bagɨ]
tubo (m) de escape	пайдаланылған газды шығару құбыры	[pajdalanɨlɣan gazdɨ ʃɨɣaru qubɨri]

acelerador (m)	газ	[gaz]
pedal (m)	педаль	[pedalɪ]
pedal (m) do acelerador	газ педалі	[gaz pedali]

travão (m)	тежегіш	[teʒegiʃ]
pedal (m) do travão	тежеуіштің педалі	[teʒewiʃtiŋ pedali]
travar (vt)	тежеу	[teʒeu]
travão (m) de mão	қол тежегіш	[qol teʒegiʃ]

embraiagem (f)	ажырату	[aʒiratu]
pedal (m) da embraiagem	ажырату педалі	[aʒiratu pedali]
disco (m) de embraiagem	ажырату дискі	[aʒiratu dɨski]
amortecedor (m)	амортизатор	[amortɨzator]

roda (f)	дөңгелек	[døŋgelek]
pneu (m) sobresselente	қордағы доңғалақ	[qordaɣɨ doŋɣalaq]
tampão (m) de roda	қақпақ	[qaqpaq]

rodas (f pl) motrizes	жетекші дөңгелектер	[ʒetekʃi døŋgelekter]
de tração dianteira	алдыңғы жетекті	[aldɨŋɨ ʒetekti]
de tração traseira	артқы жетекті	[artqɨ ʒetekti]
de tração às 4 rodas	толық жетекті	[tolɨq ʒetekti]

caixa (f) de mudanças	беріліс қорабы	[berilis qorabɨ]
automático	автоматты	[avtomatɨ]
mecânico	механикалық	[mehanɨkalɨq]
alavanca (f) das mudanças	беріліс қорабының тетігі	[berilis qorabɨnɨŋ tetigi]

farol (m)	фара	[fara]
faróis, luzes	фаралар	[faralar]

médios (m pl)	жақын жарық	[ʒaqin ʒariq]
máximos (m pl)	алыс жарық	[alɨs ʒariq]
luzes (f pl) de stop	тоқтау сигналы	[toqtau sɨgnali]

mínimos (m pl)	габаритті оттар	[gabarɨti otar]
luzes (f pl) de emergência	авария оттары	[avarɨja otari]
faróis (m pl) antinevoeiro	тұманға қарсы фаралар	[tumanɣa qarsɨ faralar]
pisca-pisca (m)	бұрылыс	[burilis]
luz (f) de marcha atrás	артқы жүріс	[artqɨ ʒuris]

148. Carros. Habitáculo

interior (m) do carro	салон	[salon]
de couro, de pele	былғары	[bɨlɣari]
de veludo	велюр	[veljur]
estofos (m pl)	қаптағыш материал	[qaptaɣɨʃ materɨal]
indicador (m)	аспап	[aspap]
painel (m) de instrumentos	аспапты қалқанша	[aspaptɨ qalqanʃa]

| velocímetro (m) | спидометр | [spɪdometr] |
| ponteiro (m) | тіл | [til] |

conta-quilómetros (m)	есептегіш	[eseptegiʃ]
sensor (m)	қадаға	[qadaɣa]
nível (m)	деңгей	[deŋgej]
luz (f) avisadora	лампыша	[lampiʃa]

volante (m)	руль	[rulʲ]
buzina (f)	сигнал	[sɪgnal]
botão (m)	кнопка	[knopka]
interruptor (m)	ауыстырып-қосқыш	[awistirip qosqiʃ]

assento (m)	отырғыш	[otirɣiʃ]
costas (f pl) do assento	арқалық	[arqaliq]
cabeceira (f)	бас сүйегіш	[bas sʉjegiʃ]
cinto (m) de segurança	қауіпсіздіктің белбеуі	[qawipsizdiktiŋ belbewi]
apertar o cinto	белбеуді іліктіру	[belbeudi iliktiru]
regulação (f)	реттелім	[rettelim]

| airbag (m) | ауа жастығы | [awa ʒastiɣi] |
| ar (m) condicionado | кондиционер | [kondɪtsɪoner] |

rádio (m)	радио	[radɪo]
leitor (m) de CD	CD - ойнатқыш	[sidi ojnatqiʃ]
ligar (vt)	қосу	[qosu]
antena (f)	антенна	[antena]
porta-luvas (m)	бардачок	[bardatʃok]
cinzeiro (m)	күл салғыш	[kʉl salɣiʃ]

149. Carros. Motor

motor (m)	қозғалтқыш	[qozɣaltqiʃ]
motor (m)	мотор	[motor]
diesel	дизелді	[dɪzeldi]
a gasolina	бензинді	[benzɪndi]

cilindrada (f)	қозғалтқыштың көлемі	[qozɣaltqiʃtiŋ kølemi]
potência (f)	қуат	[quat]
cavalo-vapor (m)	ат күші	[at kʉʃi]
pistão (m)	піскек	[piskek]
cilindro (m)	цилиндр	[tsɪlindr]
válvula (f)	клапан	[klapan]

injetor (m)	инжектор	[ɪnʒektor]
gerador (m)	генератор	[generator]
carburador (m)	карбюратор	[karbjurator]
óleo (m) para motor	моторлық май	[motorliq maj]

radiador (m)	радиатор	[radɪator]
refrigerante (m)	мұздатқыш сұйық	[mʉzdatqiʃ sʉjiq]
ventilador (m)	желдеткіш	[ʒeldetkiʃ]
bateria (f)	аккумулятор	[akkumulʲator]
dispositivo (m) de arranque	стартер	[starter]

| ignição (f) | оталдыру | [otaldɨru] |
| vela (f) de ignição | от алдыру білтесі | [ot aldɨru biltesi] |

borne (m)	клемма	[klemma]
borne (m) positivo	қосу	[qosu]
borne (m) negativo	алу	[alu]
fusível (m)	сақтандырғыш	[saqtandɨrɣiʃ]

filtro (m) de ar	ауа сүзгіші	[awa sʉzgiʃi]
filtro (m) de óleo	май фильтрі	[maj fɪlʲtri]
filtro (m) de combustível	жанармай сүзгіші	[ʒanarmaj sʉzgiʃi]

150. Carros. Batidas. Reparação

acidente (m) de carro	апат	[apat]
acidente (m) rodoviário	жол оқиғасы	[ʒol oqɨɣasɨ]
ir contra …	соқтығу	[soqtɨɣu]
sofrer um acidente	сыну	[sɨnu]
danos (m pl)	бұзылған жер	[bʉzɨlɣan ʒer]
intato	аман	[aman]

| avariar (vi) | істен шығу | [isten ʃɨɣu] |
| cabo (m) de reboque | сүйрететін арқан | [sʉjretetin arqan] |

furo (m)	тесік	[tesik]
estar furado	ауаны шығарып жіберу	[awanɨ ʃɨɣarɨp ʒiberu]
encher (vt)	үру	[ʉru]
pressão (f)	қысым	[qɨsɨm]
verificar (vt)	тексеру	[tekseru]

reparação (f)	жөндеу	[ʒøndeu]
oficina (f)	жөндеу шеберханасы	[ʒøndeu ʃeberhanasɨ]
de reparação de carros		
peça (f) sobresselente	қосалқы бөлшек	[qosalqɨ bølʃæk]
peça (f)	бөлшек	[bølʃæk]

parafuso (m)	болт	[bolt]
parafuso (m)	винт	[vɪnt]
porca (f)	гайка	[gajka]
anilha (f)	шайба	[ʃajba]
rolamento (m)	мойынтірек	[mojɨntirek]

tubo (m)	түтік	[tʉtik]
junta (f)	аралық қабат	[aralɨq qabat]
fio, cabo (m)	сым	[sɨm]

macaco (m)	домкрат	[domkrat]
chave (f) de boca	бұранда кілт	[bʉranda kilt]
martelo (m)	балға	[balɣa]
bomba (f)	сорғы	[sorɣɨ]
chave (f) de fendas	бұрауыш	[burawɨʃ]

| extintor (m) | өрт сөндіргіш | [ørt søndirgiʃ] |
| triângulo (m) de emergência | апаттық үшбұрыш | [apattɨq ʉʃbʉriʃ] |

parar (vi) (motor)	мотордың өшуі	[motordiŋ øʃui]
paragem (f)	тоқталу	[toqtalu]
estar quebrado	сынық болу	[siniq bolu]

superaquecer-se (vr)	қызып кету	[qizip ketu]
entupir-se (vr)	бітеліп қалу	[bitelip qalu]
congelar-se (vr)	мұз боп қату	[mʊz bop qatu]
rebentar (vi)	жарылып кету	[ʒarilip ketu]

pressão (f)	қысым	[qisim]
nível (m)	деңгей	[deŋgej]
frouxo	әлсіз	[ælsiz]

mossa (f)	жапырылған	[ʒapirilɣan]
ruído (m)	дүрсіл	[dʊrsil]
fissura (f)	жарықшақ	[ʒariqʃaq]
arranhão (m)	сызат	[sizat]

151. Carros. Estrada

estrada (f)	жол	[ʒol]
autoestrada (f)	автомагистраль	[avtomagıstralʲ]
rodovia (f)	шоссе	[ʃosse]
direção (f)	бағыт	[baɣɨt]
distância (f)	аралық	[araliq]

ponte (f)	көпір	[køpir]
parque (m) de estacionamento	паркинг	[parkıng]
praça (f)	алаң	[alaŋ]
nó (m) rodoviário	аяқталуы	[ajaqtalui]
túnel (m)	тоннель	[tonelʲ]

posto (m) de gasolina	жанармай	[ʒanarmaj]
parque (m) de estacionamento	автотұрақ	[avtotʊraq]
bomba (f) de gasolina	бензин колонкасы	[benzın kolonkasi]
oficina (f) de reparação de carros	жөндеу шеберханасы	[ʒøndeu ʃæberhanasi]
abastecer (vt)	құю	[qujʊ]
combustível (m)	жанармай	[ʒanarmaj]
bidão (m) de gasolina	канистр	[kanıstr]

asfalto (m)	асфальт	[asfalʲt]
marcação (f) de estradas	белгі	[belgi]
lancil (m)	ернеу	[erneu]
proteção (f) guard-rail	қоршау	[qorʃau]
valeta (f)	кювет	[kjuvet]
berma (f) da estrada	жолдың жағасы	[ʒoldiŋ ʒaɣasi]
poste (m) de luz	бағана	[baɣana]

conduzir, guiar (vt)	жүргізу	[ʒʊrgizu]
virar (ex. ~ à direita)	бұру	[buru]
dar retorno	бұрылу	[burilu]
marcha-atrás (f)	артқы жүріс	[artqi ʒʊris]
buzinar (vi)	белгі беру	[belgi beru]

buzina (f)	дыбысты белгі	[dibisti belgi]
atolar-se (vr)	тұрып қалу	[tʊrip qalu]
patinar (na lama)	тұрып қалу	[tʊrip qalu]
desligar (vt)	сөндіру	[søndiru]
velocidade (f)	жылдамдық	[ʒildamdiq]
exceder a velocidade	жылдамдықты арттыру	[ʒildamdiqti arttiru]
multar (vt)	айыппұл салу	[ajippul salu]
semáforo (m)	бағдаршам	[baɣdarʃam]
carta (f) de condução	жүргізуші куәлігі	[ʒʊrgɛzuʃi kuæligi]
passagem (f) de nível	өткел	[øtkel]
cruzamento (m)	қиылыс	[qiilis]
passadeira (f)	жаяулардың өтімі	[ʒajaulardiŋ øtimi]
curva (f)	бұрылыс	[bʊrilis]
zona (f) pedonal	жаяулар аймағы	[ʒajaular ajmaɣi]

PESSOAS. EVENTOS

Eventos

152. Férias. Evento

festa (f)	мереке	[mereke]
festa (f) nacional	ұлттық мереке	[ʊlttiq mereke]
feriado (m)	мерекелік күн	[merekelik kʉn]
festejar (vt)	тойлау	[tojlau]

evento (festa, etc.)	оқиға	[oqıɣa]
evento (banquete, etc.)	шара	[ʃara]
banquete (m)	банкет	[banket]
receção (f)	қабылдау	[qabɨldau]
festim (m)	той	[toj]

aniversário (m)	жылдық	[ʒɨldɨq]
jubileu (m)	мерейтой	[merejtoj]
celebrar (vt)	тойлап өткізу	[tojlap øtkizu]

| Ano (m) Novo | жаңа жыл | [ʒaŋa ʒɨl] |
| Feliz Ano Novo! | Жаңа жылмен! | [ʒaŋa ʒɨlmen] |

Natal (m)	Рождество	[roʒdestvo]
Feliz Natal!	Рождество мейрамы көңілді болсын!	[roʒdestvo mejramɨ køŋildi bolsɨn]
árvore (f) de Natal	Жаңа жылдық шырша	[ʒaŋa ʒɨldɨq ʃɨrʃa]
fogo (m) de artifício	салют	[saljut]

boda (f)	үйлену тойы	[ʉjlenu tojɨ]
noivo (m)	күйеу	[kʉjeu]
noiva (f)	қалыңдық	[qalɨŋdɨq]

| convidar (vt) | шақыру | [ʃaqɨru] |
| convite (m) | шақыру | [ʃaqɨru] |

convidado (m)	қонақ	[qonaq]
visitar (vt)	қонаққа бару	[qonaqqa baru]
receber os hóspedes	қонақтарды қарсы алу	[qonaqtardɨ qarsɨ alu]

presente (m)	сый	[sɨj]
oferecer (vt)	сыйлау	[sɨjlau]
receber presentes	сыйлар алу	[sɨjlar alu]
ramo (m) de flores	байлам	[bajlam]

felicitações (f pl)	құттықтау	[qʊttɨqtau]
felicitar (dar os parabéns)	құттықтау	[qʊttɨqtau]
cartão (m) de parabéns	құттықтау ашық хаты	[qʊttɨqtau aʃɨq hatɨ]

| enviar um postal | ашық хатты жіберу | [aʃiq hati ʒiberu] |
| receber um postal | ашық хатты алу | [aʃiq hati alu] |

brinde (m)	тост	[tost]
oferecer (vt)	дәм таттыру	[dæm tatiru]
champanhe (m)	шампанское	[ʃampan]

divertir-se (vr)	көңіл көтеру	[køŋil koteru]
diversão (f)	сауық-сайран	[sawiq sajran]
alegria (f)	қуаныш	[quaniʃ]

| dança (f) | би | [bi] |
| dançar (vi) | билеу | [bileu] |

| valsa (f) | вальс | [valʲs] |
| tango (m) | танго | [tango] |

153. Funerais. Enterro

cemitério (m)	зират	[zirat]
sepultura (f), túmulo (m)	көр	[kør]
lápide (f)	барқын	[barqin]
cerca (f)	дуал	[dual]
capela (f)	кішкентай шіркеу	[kiʃkentaj ʃirkeu]

morte (f)	ажал	[aʒal]
morrer (vi)	өлу	[ølu]
defunto (m)	марқұм	[marqum]
luto (m)	аза	[aza]

enterrar, sepultar (vt)	жерлеу	[ʒerleu]
agência (f) funerária	жерлеу бюросы	[ʒerleu bjurosi]
funeral (m)	жерлеу	[ʒerleu]

coroa (f) de flores	венок	[venok]
caixão (m)	табыт	[tabit]
carro (m) funerário	катафалк	[katafalk]
mortalha (f)	кебін	[kebin]

| urna (f) funerária | сауыт | [sawit] |
| crematório (m) | крематорий | [krematorij] |

obituário (m), necrologia (f)	азанама	[azanama]
chorar (vi)	жылау	[ʒilau]
soluçar (vi)	аңырау	[aŋirau]

154. Guerra. Soldados

pelotão (m)	взвод	[vzvod]
companhia (f)	рота	[rota]
regimento (m)	полк	[polk]
exército (m)	армия	[armija]

divisão (f)	дивизия	[dɪvɪzɪja]
destacamento (m)	жасақ	[ʒasaq]
hoste (f)	әскер	[æsker]

| soldado (m) | солдат | [soldat] |
| oficial (m) | офицер | [ofɪtser] |

soldado (m) raso	қатардағы	[qatardaɣɨ]
sargento (m)	сержант	[serʒant]
tenente (m)	лейтенант	[lejtenant]
capitão (m)	капитан	[kapɪtan]
major (m)	майор	[major]
coronel (m)	полковник	[polkovnɪk]
general (m)	генерал	[general]

marujo (m)	теңізші	[teŋizʃi]
capitão (m)	капитан	[kapɪtan]
contramestre (m)	боцман	[botsman]

artilheiro (m)	артиллерист	[artɪllerɪst]
soldado (m) paraquedista	десантшы	[desantʃi]
piloto (m)	ұшқыш	[uʃqiʃ]
navegador (m)	штурман	[ʃturman]
mecânico (m)	механик	[mehanɪk]

sapador (m)	сапер	[sapør]
paraquedista (m)	парашютші	[paraʃjutʃi]
explorador (m)	барлаушы	[barlauʃi]
franco-atirador (m)	мерген	[mergen]
patrulha (f)	патруль	[patrulʲ]
patrulhar (vt)	күзету	[kuzetu]
sentinela (f)	сақшы	[saqʃi]

guerreiro (m)	жауынгер	[ʒawinger]
patriota (m)	отаншыл	[otanʃil]
herói (m)	батыр	[batir]
heroína (f)	батыр	[batir]

traidor (m)	сатқын	[satqin]
desertor (m)	қашқын	[qaʃqin]
desertar (vt)	әскерден қашу	[æskerden qaʃu]

mercenário (m)	жалдамшы	[ʒaldamʃi]
recruta (m)	жаңа шақырылған	[ʒaŋa ʃaqirilɣan]
voluntário (m)	өзі тіленгендер	[øzi tilengender]

morto (m)	өлген	[ølgen]
ferido (m)	жарақаттанған	[ʒaraqattanɣan]
prisioneiro (m) de guerra	тұтқын	[tutqin]

155. Guerra. Ações militares. Parte 1

| guerra (f) | соғыс | [soɣis] |
| guerrear (vt) | соғысу | [soɣisu] |

guerra (f) civil	азамат соғысы	[azamat soɣisi]
perfidamente	опасыз	[opasiz]
declaração (f) de guerra	жариялау	[ʒarijalau]
declarar (vt) guerra	жариялау	[ʒarijalau]
agressão (f)	агрессия	[agressija]
atacar (vt)	шабуыл жасау	[ʃabuɨl ʒasau]

invadir (vt)	басып алу	[basɨp alu]
invasor (m)	басқыншы	[basqinʃi]
conquistador (m)	шапқыншы	[ʃapqinʃi]

defesa (f)	қорғаныс	[qorɣanis]
defender (vt)	қорғау	[qorɣau]
defender-se (vr)	қорғану	[qorɣanu]

| inimigo, adversário (m) | жау | [ʒau] |
| inimigo | жау | [ʒau] |

| estratégia (f) | стратегия | [strategija] |
| tática (f) | тактика | [taktɨka] |

ordem (f)	бұйрық	[bujriq]
comando (m)	команда	[komanda]
ordenar (vt)	бұйыру	[bujiru]
missão (f)	тапсырма	[tapsɨrma]
secreto	құпия	[qupija]

| batalha (f) | айқас | [ajqas] |
| combate (m) | шайқас | [ʃajqas] |

ataque (m)	шабуыл	[ʃabuɨl]
assalto (m)	шабуыл	[ʃabuɨl]
assaltar (vt)	шабуыл жасау	[ʃabuɨl ʒasau]
assédio, sítio (m)	қамау	[qamau]

| ofensiva (f) | шабуыл | [ʃabuɨl] |
| passar à ofensiva | шабуылдау | [ʃabuɨldau] |

| retirada (f) | шегіну | [ʃæginu] |
| retirar-se (vr) | шегіну | [ʃæginu] |

| cerco (m) | қоршау | [qorʃau] |
| cercar (vt) | қоршау | [qorʃau] |

bombardeio (m)	бомбалау	[bombalau]
lançar uma bomba	бомба тастау	[bomba tastau]
bombardear (vt)	бомба тастау	[bomba tastau]
explosão (f)	жарылыс	[ʒarilis]

tiro (m)	атыс	[atis]
disparar um tiro	атып жіберу	[atip ʒiberu]
tiroteio (m)	атыс	[atis]

apontar para ...	дәлдеу	[dældeu]
apontar (vt)	зеңбіректі кезеу	[zeŋbirekti kezeu]
acertar (vt)	нысанаға тигізу	[nisanaɣa tigizu]

144

afundar (um navio)	суға батыру	[suɣa batiru]
brecha (f)	тесілген жер	[tesilgen ʒer]
afundar-se (vr)	судың түбіне кету	[sudiŋ tʉbine ketu]

frente (m)	майдан	[majdan]
evacuação (f)	көшіру	[køʃiru]
evacuar (vt)	көшіру	[køʃiru]

trincheira (f)	окоп, траншея	[okop], [tranʃæja]
arame (m) farpado	тікенді сым	[tikendi sim]
obstáculo (m) anticarro	бөгет	[bøget]
torre (f) de vigia	мұнара	[munara]

hospital (m)	госпиталь	[gospitalʲ]
ferir (vt)	жаралау	[ʒaralau]
ferida (f)	жара	[ʒara]
ferido (m)	жараланған	[ʒaralanɣan]
ficar ferido	жаралану	[ʒaralanu]
grave (ferida ~)	ауыр	[awir]

156. Armas

arma (f)	қару	[qaru]
arma (f) de fogo	ату қаруы	[atu qarui]
arma (f) branca	суық қару	[suiq qaru]

arma (f) química	химиялық қару	[hımijaliq qaru]
nuclear	ядролық	[jadroliq]
arma (f) nuclear	ядролық қару	[jadroliq qaru]

| bomba (f) | бомба | [bomba] |
| bomba (f) atómica | атом бомбасы | [atom bombasi] |

pistola (f)	тапанша	[tapanʃa]
caçadeira (f)	мылтық	[miltiq]
pistola-metralhadora (f)	автомат	[avtomat]
metralhadora (f)	пулемет	[puleмøt]

boca (f)	ауыз	[awiz]
cano (m)	оқпан	[oqpan]
calibre (m)	калибр	[kalıbr]

gatilho (m)	шүріппе	[ʃʉripe]
mira (f)	көздеуіш	[køzdewiʃ]
carregador (m)	қорап	[qorap]
coronha (f)	шүйде	[ʃʉjde]

| granada (f) de mão | граната | [granata] |
| explosivo (m) | жарылғыш зат | [ʒarilɣiʃ zat] |

bala (f)	оқ	[oq]
cartucho (m)	патрон	[patron]
carga (f)	заряд	[zarjad]
munições (f pl)	оқ-дәрілер	[oq dæriler]

bombardeiro (m)	бомбалаушы	[bombalauʃi]
avião (m) de caça	жойғыш	[ʒojɣïʃ]
helicóptero (m)	тікұшақ	[tikʊʃaq]

canhão (m) antiaéreo	зенит зеңбірегі	[zenɪt zeŋbiregi]
tanque (m)	танк	[tank]
canhão (de um tanque)	зеңбірек	[zeŋbirek]

| artilharia (f) | артиллерия | [artɪllerɪja] |
| fazer a pontaria | бағыттау | [baɣitau] |

obus (m)	снаряд	[snarjad]
granada (f) de morteiro	мина	[mɪna]
morteiro (m)	миномет	[mɪnoмøt]
estilhaço (m)	жарқыншақ	[ʒarqinʃaq]

submarino (m)	сүңгуір қайық	[sʉŋguir qajïq]
torpedo (m)	торпеда	[torpeda]
míssil (m)	ракета	[raketa]

carregar (uma arma)	оқтау	[oqtau]
atirar, disparar (vi)	ату	[atu]
apontar para ...	дәлдеу	[dældeu]
baioneta (f)	найза	[najza]

espada (f)	сапы	[sapï]
sabre (m)	қылыш	[qïlïʃ]
lança (f)	найза	[najza]
arco (m)	садақ	[sadaq]
flecha (f)	оқ	[oq]
mosquete (m)	мушкет	[muʃket]
besta (f)	арбалет	[arbalet]

157. Povos da antiguidade

primitivo	алғашқы қауымдық	[alɣaʃqï qawimdïq]
pré-histórico	тарихтан бұрыңғы	[tarïhtan bʊrïŋɣï]
antigo	ежелгі	[eʒelgi]

Idade (f) da Pedra	Тас ғасыры	[tas ɣasïrï]
Idade (f) do Bronze	Қола дәуірі	[qola dæwiri]
período (m) glacial	мұз дәуірі	[mʊz dæwiri]

tribo (f)	тайпа	[tajpa]
canibal (m)	жалмауыз	[ʒalmawiz]
caçador (m)	аңшы	[aŋʃi]
caçar (vi)	аулау	[aulau]
mamute (m)	мамонт	[mamont]

caverna (f)	үңгір	[ʉŋgir]
fogo (m)	от	[ot]
fogueira (f)	алау	[alau]
pintura (f) rupestre	жартасқа салынған сурет	[ʒartasqa salïnɣan suret]
ferramenta (f)	еңбек құралы	[eŋbek qʊralï]

lança (f)	найза	[najza]
machado (m) de pedra	тас балтасы	[tas baltasi]
guerrear (vt)	соғысу	[soɣïsu]
domesticar (vt)	қолға үйрету	[qolɣa ʉjretu]

ídolo (m)	пұт	[pʊt]
adorar, venerar (vt)	сыйыну	[sijinu]
superstição (f)	ырымшылдық	[irimʃildiq]

evolução (f)	эволюция	[ɛvaljutsïja]
desenvolvimento (m)	дамушылық	[damuʃiliq]
desaparecimento (m)	ғайып болу	[ɣajip bolu]
adaptar-se (vr)	бейімделу	[bejimdelu]

arqueologia (f)	археология	[arheologïja]
arqueólogo (m)	археолог	[arheolog]
arqueológico	археологиялық	[arheologïjaliq]

local (m) das escavações	қазулар	[qazular]
escavações (f pl)	қазулар	[qazular]
achado (m)	олжа	[olʒa]
fragmento (m)	үзінді	[ʉzindi]

158. Idade média

povo (m)	халық	[haliq]
povos (m pl)	халықтар	[haliqtar]
tribo (f)	тайпа	[tajpa]
tribos (f pl)	тайпалар	[tajpalar]

bárbaros (m pl)	варвардар	[varvardar]
gauleses (m pl)	галлдар	[galldar]
godos (m pl)	готтар	[gottar]
eslavos (m pl)	славяндар	[slavjandar]
víquingues (m pl)	викингтер	[vïkïngter]

romanos (m pl)	римдіктер	[rïmdikter]
romano	рим	[rïm]

bizantinos (m pl)	византиялықтар	[vïzantïjaliqtar]
Bizâncio	Византия	[vïzantïja]
bizantino	византиялық	[vïzantïjaliq]

imperador (m)	император	[ïmperator]
líder (m)	көсем	[køsem]
poderoso	құдіретті	[qʊdiretti]
rei (m)	король	[korolʲ]
governante (m)	билеуші	[bïleuʃi]

cavaleiro (m)	сері	[seri]
senhor feudal (m)	феодал	[feodal]
feudal	феодалдық	[feodaldiq]
vassalo (m)	вассал	[vassal]
duque (m)	герцог	[gertsog]

conde (m)	граф	[graf]
barão (m)	барон	[baron]
bispo (m)	епископ	[epıskop]

armadura (f)	қару-жарақ	[qaru ʒaraq]
escudo (m)	қалқан	[qalqan]
espada (f)	қылыш	[qɨlɨʃ]
viseira (f)	қалқан	[qalqan]
cota (f) de malha	берен	[beren]

cruzada (f)	крест жорығы	[krest ʒorɨɣɨ]
cruzado (m)	кресші	[kresʃi]

território (m)	территория	[terrɪtorɪja]
atacar (vt)	шабуыл жасау	[ʃabuɨl ʒasau]
conquistar (vt)	жаулап алу	[ʒaulap alu]
ocupar, invadir (vt)	басып алу	[basɨp alu]

assédio, sítio (m)	қамау	[qamau]
sitiado	қоршалған	[qorʃalɣan]
assediar, sitiar (vt)	қоршап алу	[qorʃap alu]

inquisição (f)	инквизиция	[ınkvɪzɪtsɪja]
inquisidor (m)	инквизитор	[ınkvɪzɪtor]
tortura (f)	азап	[azap]
cruel	қатал	[qatal]
herege (m)	дінбұзар	[dinbʊzar]
heresia (f)	дінбұзарлық	[dinbʊzarlɨq]

navegação (f) marítima	теңізде жүзу	[teŋizde ʒʊzu]
pirata (m)	пират	[pırat]
pirataria (f)	қарақшылық	[qaraqʃɨlɨq]
abordagem (f)	абордаж	[abordaʒ]
presa (f), butim (m)	олжа	[olʒa]
tesouros (m pl)	қазыналар	[qazinalar]

descobrimento (m)	ашу	[aʃu]
descobrir (novas terras)	ашу	[aʃu]
expedição (f)	экспедиция	[ɛkspedıtsıja]

mosqueteiro (m)	мушкетер	[muʃketør]
cardeal (m)	кардинал	[kardınal]
heráldica (f)	геральдика	[geralʲdıka]
heráldico	геральдикалық	[geralʲdıkalɨq]

159. Líder. Chefe. Autoridades

rei (m)	король	[korolʲ]
rainha (f)	королева	[koroleva]
real	корольдық	[korolʲdɨq]
reino (m)	корольдық	[korolʲdɨq]

príncipe (m)	ханзада	[hanzada]
princesa (f)	ханшайым	[hanʃajɨm]

presidente (m)	президент	[prezɪdent]
vice-presidente (m)	вице-президент	[vɪtse prezɪdent]
senador (m)	сенатор	[senator]

monarca (m)	монарх	[monarh]
governante (m)	билеуші	[bɪleuʃɪ]
ditador (m)	диктатор	[dɪktator]
tirano (m)	тиран	[tɪran]
magnata (m)	магнат	[magnat]

diretor (m)	директор	[dɪrektor]
chefe (m)	бастық	[bastiq]
dirigente (m)	басқарушы	[basqaruʃɪ]
patrão (m)	босс	[boss]
dono (m)	ие	[ɪe]

chefe (~ de delegação)	басшы	[basʃɪ]
autoridades (f pl)	өкіметтер	[økimeter]
superiores (m pl)	бастықтар	[bastiqtar]

governador (m)	губернатор	[gubernator]
cônsul (m)	консул	[konsul]
diplomata (m)	дипломат	[dɪplomat]
Presidente (m) da Câmara	қалабасы	[qalabasi]
xerife (m)	шериф	[ʃærɪf]

imperador (m)	император	[ɪmperator]
czar (m)	патша	[patʃa]
faraó (m)	перғауын	[perɣawin]
cã (m)	хан	[han]

160. Viloação da lei. Criminosos. Parte 1

bandido (m)	бандит	[bandɪt]
crime (m)	қылмыс	[qilmis]
criminoso (m)	қылмыскер	[qilmisker]

ladrão (m)	ұры	[ʊri]
roubar (vt)	ұрлау	[ʊrlau]
furto, roubo (m)	ұрлық	[ʊrliq]

raptar (ex. ~ uma criança)	ұрлап алу	[ʊrlap alu]
rapto (m)	жымқыру	[ʒimqiru]
raptor (m)	ұрлаушы	[ʊrlauʃɪ]

| resgate (m) | құн | [qʊn] |
| pedir resgate | құнды талап ету | [qʊndɪ talap etu] |

roubar (vt)	тонау	[tonau]
assalto, roubo (m)	қарақшылық	[qaraqʃiliq]
assaltante (m)	тонаушы	[tonauʃɪ]

| extorquir (vt) | қорқытып алу | [qorqitip alu] |
| extorsionário (m) | қорқытып алушы | [qorqitip aluʃɪ] |

extorsão (f)	қорқытып алушылық	[qorqitip aluʃiliq]
matar, assassinar (vt)	өлтіру	[øltiru]
homicídio (m)	өлтірушілік	[øltiruʃilik]
homicida, assassino (m)	өлтіруші	[øltiruʃi]

tiro (m)	ату	[atu]
dar um tiro	атып жіберу	[atip ʒiberu]
matar a tiro	атып өлтіру	[atip øltiru]
atirar, disparar (vi)	ату	[atu]
tiroteio (m)	атыс	[atis]

incidente (m)	оқиға	[oqiɣa]
briga (~ de rua)	төбелес	[tøbeles]
Socorro!	Көмекке! Құтқараңыз!	[kømekke], [qutqariŋiz]
vítima (f)	құрбан	[qurban]

danificar (vt)	зақымдау	[zaqimdau]
dano (m)	зиян	[zijan]
cadáver (m)	өлік	[ølik]
grave	ауыр	[awir]

atacar (vt)	бас салу	[bas salu]
bater (espancar)	ұру	[uru]
espancar (vt)	ұрып-соғу	[urip soɣu]
tirar, roubar (dinheiro)	тартып алу	[tartip alu]
esfaquear (vt)	бауыздау	[bawizdau]
mutilar (vt)	зағыптандыру	[zaɣiptandiru]
ferir (vt)	жаралау	[ʒaralau]

chantagem (f)	бопса	[bopsa]
chantagear (vt)	бопсалау	[bopsalau]
chantagista (m)	бопсашыл	[bopsaʃil]

extorsão (em troca de proteção)	рэкет	[rɛket]
extorsionário (m)	рэкетир	[rɛketir]
gângster (m)	гангстер	[gangster]
máfia (f)	мафия	[mafija]

carteirista (m)	қалталық ұры	[qaltaliq uri]
assaltante, ladrão (m)	бұзып түсетін ұры	[buzip tusetin uri]
contrabando (m)	контрабанда	[kontrabanda]
contrabandista (m)	контрабандашы	[kontrabandaʃi]

falsificação (f)	жалған	[ʒalɣan]
falsificar (vt)	жалған істеу	[ʒalɣan isteu]
falsificado	жалған	[ʒalɣan]

161. Violação da lei. Criminosos. Parte 2

violação (f)	зорлау	[zorlau]
violar (vt)	зорлау	[zorlau]
violador (m)	зорлаушы	[zorlauʃi]
maníaco (m)	маньяк	[manʲak]

prostituta (f)	жезөкше	[ʒezøkʃæ]
prostituição (f)	жезөкшелік	[ʒezøkʃælik]
chulo (m)	сутенер	[sutenør]
toxicodependente (m)	нашақор	[naʃaqor]
traficante (m)	есірткілермен саудагер	[esirtkilermen saudager]
explodir (vt)	жару	[ʒaru]
explosão (f)	жарылыс	[ʒarilis]
incendiar (vt)	өртеу	[ørteu]
incendiário (m)	өртеуші	[ørteuʃi]
terrorismo (m)	терроризм	[terrorɪzm]
terrorista (m)	терроршы	[terrorʃi]
refém (m)	кепілгер	[kepilger]
enganar (vt)	алдау	[aldau]
engano (m)	алдаушылық	[aldauʃiliq]
vigarista (m)	алаяқ	[alajaq]
subornar (vt)	сатып алу	[satip alu]
suborno (atividade)	параға сатып алу	[paraɣa satip alu]
suborno (dinheiro)	пара	[para]
veneno (m)	у	[u]
envenenar (vt)	уландыру	[ulandiru]
envenenar-se (vr)	улану	[ulanu]
suicídio (m)	өзін-өзі өлтірушілік	[øzin ozi øltiruʃilik]
suicida (m)	өзін-өзі өлтіруші	[øzin ozi øltiruʃi]
ameaçar (vt)	қоқақтау	[qoqaqtau]
ameaça (f)	қауіп	[qawip]
atentar contra a vida de ...	қастандық жасау	[qastandiq ʒasau]
atentado (m)	қастандық	[qastandiq]
roubar (o carro)	айдап әкету	[ajdap æketu]
desviar (o avião)	айдап әкету	[ajdap æketu]
vingança (f)	кек	[kek]
vingar (vt)	кек алу	[kek alu]
torturar (vt)	азаптату	[azaptatu]
tortura (f)	азап	[azap]
atormentar (vt)	азаптау	[azaptau]
pirata (m)	пират	[pɪrat]
desordeiro (m)	бейбастақ	[bejbastaq]
armado	жарақты	[ʒaraqti]
violência (f)	зорлық	[zorliq]
espionagem (f)	тыңшылық	[tiŋʃiliq]
espionar (vi)	тыңшы болу	[tiŋʃi bolu]

162. Polícia. Lei. Parte 1

justiça (f)	әділеттілік	[ædilettilik]
tribunal (m)	сот	[sot]
juiz (m)	төреші	[tøreʃi]
jurados (m pl)	сот мүшелері	[sot muʃæleri]
tribunal (m) do júri	ант берушілер соты	[ant beruʃiler soti]
julgar (vt)	соттау	[sottau]
advogado (m)	қорғаушы	[qorɣauʃi]
réu (m)	айыпкер	[ajipker]
banco (m) dos réus	айыпкерлер отырғышы	[ajipkerler otirɣiʃi]
acusação (f)	айып	[ajip]
acusado (m)	айыпкер	[ajipker]
sentença (f)	үкім	[ʉkim]
sentenciar (vt)	үкім шығару	[ʉkim ʃiɣaru]
culpado (m)	айыпкер	[ajipker]
punir (vt)	жазалау	[ʒazalau]
punição (f)	жаза	[ʒaza]
multa (f)	айыппұл	[ajippʊl]
prisão (f) perpétua	өмірлік қамау	[ømirlik qamau]
pena (f) de morte	өлім жазасы	[ølim ʒazasi]
cadeira (f) elétrica	электр орындығы	[ɛlektr orindiɣi]
forca (f)	дар	[dar]
executar (vt)	өлтіру	[øltiru]
execução (f)	өлім жазасы	[ølim ʒazasi]
prisão (f)	абақты	[abaqti]
cela (f) de prisão	камера	[kamera]
escolta (f)	айдаул	[ajdaul]
guarda (m) prisional	қараушы	[qarauʃi]
preso (m)	қамалған	[qamalɣan]
algemas (f pl)	қолкісен	[qolkisen]
algemar (vt)	қол кісендерді тағу	[qol kisenderdi taɣu]
fuga, evasão (f)	қашу	[qaʃu]
fugir (vi)	қашу	[qaʃu]
desaparecer (vi)	жоғалу	[ʒoɣalu]
soltar, libertar (vt)	босату	[bosatu]
amnistia (f)	амнистия	[amnistija]
polícia (instituição)	полиция	[polɪtsija]
polícia (m)	полицейлік	[polɪtsejlik]
esquadra (f) de polícia	полиция қосыны	[polɪtsija qosini]
cassetete (m)	резеңке таяқ	[rezeŋke tajaq]
megafone (m)	рупор	[rupor]
carro (m) de patrulha	патрулдік машина	[patruldik maʃina]

sirene (f)	сирена	[sɪrena]
ligar a sirene	сиренаны қосу	[sɪrenani qosu]
toque (m) da sirene	сарнау	[sarnau]

cena (f) do crime	оқиға орыны	[oqıɣa orini]
testemunha (f)	куәгер	[kuæger]
liberdade (f)	бостандық	[bostandiq]
cúmplice (m)	сыбайлас	[sibajlas]
escapar (vi)	жасырыну	[ʒasirinu]
traço (não deixar ~s)	із	[iz]

163. Polícia. Lei. Parte 2

procura (f)	іздестіру	[izdestiru]
procurar (vt)	іздеу	[izdeu]
suspeita (f)	күдік	[kʉdik]
suspeito	күдікті	[kʉdikti]
parar (vt)	тоқтату	[toqtatu]
deter (vt)	ұстау	[ʊstau]

caso (criminal)	іс	[is]
investigação (f)	тергеу	[tergeu]
detetive (m)	детектив	[detektıv]
investigador (m)	тергеуші	[tergeuʃi]
versão (f)	версия	[versıja]

motivo (m)	себеп	[sebep]
interrogatório (m)	жауап алу	[ʒawap alu]
interrogar (vt)	жауап алу	[ʒawap alu]
questionar (vt)	сұрау	[sʊrau]
verificação (f)	тексеру	[tekseru]

batida (f) policial	қамап алу	[qamap alu]
busca (f)	тінту	[tintu]
perseguição (f)	қуғын	[quɣin]
perseguir (vt)	қуғындау	[quɣindau]
seguir (vt)	торуылдау	[toruildau]

prisão (f)	тұтқынға алу	[tʊtqinɣa alu]
prender (vt)	тұтқындау	[tʊtqindau]
pegar, capturar (vt)	ұстап алу	[ʊstap alu]

documento (m)	құжат	[qʊʒat]
prova (f)	дәлел	[dælel]
provar (vt)	дәлелдеу	[dæleldeu]
pegada (f)	із	[iz]
impressões (f pl) digitais	саусақтардың таңбалары	[sausaqtardiŋ taŋbalari]
prova (f)	дәлел	[dælel]

álibi (m)	алиби	[alıbı]
inocente	айыпсыз	[ajipsiz]
injustiça (f)	әділетсіздік	[ædiletsizdik]
injusto	әділетсіз	[ædiletsiz]
criminal	қылмыстық	[qilmistiq]

confiscar (vt)	тәркілеу	[tærkileu]
droga (f)	есірткі	[esirtki]
arma (f)	қару	[qaru]
desarmar (vt)	қаруын тастату	[qaruin tastatu]
ordenar (vt)	бұйыру	[bujiru]
desaparecer (vi)	жоғалу	[ʒoɣalu]

lei (f)	заң	[zaŋ]
legal	заңды	[zaŋdi]
ilegal	заңсыз	[zaŋsiz]

| responsabilidade (f) | жауапкершілік | [ʒawapkerʃilik] |
| responsável | жауапты | [ʒawapti] |

NATUREZA

A Terra. Parte 1

164. Espaço sideral

cosmos (m)	ғарыш	[ɣariʃ]
cósmico	ғарыштық	[ɣariʃtiq]
espaço (m) cósmico	ғарыш кеңістігі	[ɣariʃ keŋistigi]
mundo, universo (m)	әлем	[ælem]
galáxia (f)	галактика	[galaktɪka]
estrela (f)	жұлдыз	[ʒʊldiz]
constelação (f)	шоқжұлдыз	[ʃoqʒʊldiz]
planeta (m)	планета	[planeta]
satélite (m)	серік	[serik]
meteorito (m)	метеорит	[meteorɪt]
cometa (m)	комета	[kometa]
asteroide (m)	астероид	[asteroɪd]
órbita (f)	орбита	[orbɪta]
girar (vi)	айналу	[ajnalu]
atmosfera (f)	атмосфера	[atmosfera]
Sol (m)	күн	[kʉn]
Sistema (m) Solar	күн жүйесі	[kʉn ʒʉjesi]
eclipse (m) solar	күн тұтылу	[kʉn tʊtɨlu]
Terra (f)	Жер	[ʒer]
Lua (f)	Ай	[aj]
Marte (m)	Марс	[mars]
Vénus (f)	Венера	[venera]
Júpiter (m)	Юпитер	[jupɪter]
Saturno (m)	Сатурн	[saturn]
Mercúrio (m)	Меркурий	[merkurɪj]
Urano (m)	Уран	[uran]
Neptuno (m)	Нептун	[neptun]
Plutão (m)	Плутон	[pluton]
Via Láctea (f)	Құс жолы	[qʊs ʒoli]
Ursa Maior (f)	Жетіқарақшы	[ʒetiqaraqʃi]
Estrela Polar (f)	Темірқазық	[temirqaziq]
marciano (m)	марстық	[marstiq]
extraterrestre (m)	басқа планеталық	[basqa planetaliq]

| alienígena (m) | келімсек | [kelimsek] |
| disco (m) voador | ұшатын тәрелке | [uʃatin tærelke] |

nave (f) espacial	ғарыш кемесі	[ɣariʃ kemesi]
estação (f) orbital	орбиталық станция	[orbitaliq stantsija]
lançamento (m)	старт	[start]

motor (m)	двигатель	[dvigatelʲ]
bocal (m)	қақпақ	[qaqpaq]
combustível (m)	жанармай	[ʒanarmaj]

cabine (f)	кабина	[kabina]
antena (f)	антенна	[antena]
vigia (f)	иллюминатор	[illjuminator]
bateria (f) solar	күн батареясы	[kʉn batarejasi]
traje (m) espacial	скафандр	[skafandr]

| imponderabilidade (f) | салмақсыздық | [salmaqsizdiq] |
| oxigénio (m) | оттегі | [ottegi] |

| acoplagem (f) | түйісу | [tʉjisu] |
| fazer uma acoplagem | түйісу жасау | [tʉjisu ʒasau] |

observatório (m)	обсерватория	[observatorija]
telescópio (m)	телескоп	[teleskop]
observar (vt)	бақылау	[baqilau]
explorar (vt)	зерттеу	[zertteu]

165. A Terra

Terra (f)	Жер	[ʒer]
globo terrestre (Terra)	жер шары	[ʒer ʃari]
planeta (m)	ғаламшар	[ɣalamʃar]

atmosfera (f)	атмосфера	[atmosfera]
geografia (f)	география	[geografija]
natureza (f)	табиғат	[tabiɣat]

globo (mapa esférico)	глобус	[globus]
mapa (m)	карта	[karta]
atlas (m)	атлас	[atlas]

| Europa (f) | Еуропа | [europa] |
| Ásia (f) | Азия | [azija] |

| África (f) | Африка | [afrika] |
| Austrália (f) | Австралия | [avstralija] |

América (f)	Америка	[amerika]
América (f) do Norte	Солтүстік Америка	[soltʉstik amerika]
América (f) do Sul	Оңтүстік Америка	[oŋtʉstik amerika]

| Antártida (f) | Антарктида | [antarktida] |
| Ártico (m) | Арктика | [arktika] |

166. Pontos cardeais

norte (m)	солтүстік	[soltustik]
para norte	солтүстікке	[soltustikke]
no norte	солтүстікте	[soltustikte]
do norte	солтүстік	[soltustik]
sul (m)	оңтүстік	[oŋtustik]
para sul	оңтүстікке	[oŋtustikke]
no sul	оңтүстікте	[oŋtustikte]
do sul	оңтүстік	[oŋtustik]
oeste, ocidente (m)	батыс	[batis]
para oeste	батысқа	[batisqa]
no oeste	батыста	[batista]
ocidental	батыс	[batis]
leste, oriente (m)	шығыс	[ʃiɣis]
para leste	шығысқа	[ʃiɣisqa]
no leste	шығыста	[ʃiɣista]
oriental	шығыс	[ʃiɣis]

167. Mar. Oceano

mar (m)	теңіз	[teŋiz]
oceano (m)	мұхит	[muhɪt]
golfo (m)	шығанақ	[ʃiɣanaq]
estreito (m)	бұғаз	[buɣaz]
terra (f) firme	жер	[ʒer]
continente (m)	материк	[materɪk]
ilha (f)	арал	[aral]
península (f)	түбек	[tubek]
arquipélago (m)	архипелаг	[arhɪpelag]
baía (f)	айлақ	[ajlaq]
porto (m)	гавань	[gavanʲ]
lagoa (f)	лагуна	[laguna]
cabo (m)	мүйіс	[mujis]
atol (m)	атолл	[atoll]
recife (m)	риф	[rɪf]
coral (m)	маржан	[marʒan]
recife (m) de coral	маржан риф	[marʒan rɪf]
profundo	терең	[tereŋ]
profundidade (f)	тереңдік	[tereŋdik]
abismo (m)	түпсіз	[tupsiz]
fossa (f) oceânica	шұқыр	[ʃuqir]
corrente (f)	ағын	[aɣin]
banhar (vt)	ұласу	[ulasu]
litoral (m)	жаға	[ʒaɣa]

costa (f)	жағалау	[ʒaɣalau]
maré (f) alta	судың келуі	[sudiŋ kelui]
refluxo (m), maré (f) baixa	судың қайтуы	[sudiŋ qajtui]
restinga (f)	барқын	[barqin]
fundo (m)	түп	[tʉp]

onda (f)	толқын	[tolqin]
crista (f) da onda	толқынның жотасы	[tolqiniŋ ʒotasi]
espuma (f)	көбік	[købik]

tempestade (f)	дауыл	[dawɨl]
furacão (m)	дауыл	[dawɨl]
tsunami (m)	цунами	[tsunamɪ]
calmaria (f)	тымық	[timiq]
calmo	тынық	[tiniq]

| polo (m) | полюс | [poljus] |
| polar | поляр | [poljar] |

latitude (f)	ендік	[endik]
longitude (f)	бойлық	[bojliq]
paralela (f)	параллель	[parallelʲ]
equador (m)	экватор	[ɛkvator]

céu (m)	аспан	[aspan]
horizonte (m)	көкжиек	[køkʒiek]
ar (m)	ауа	[awa]

farol (m)	шамшырақ	[ʃamʃiraq]
mergulhar (vi)	сүңгу	[sʉŋgu]
afundar-se (vr)	батып кету	[batip ketu]
tesouros (m pl)	қазына	[qazina]

168. Montanhas

montanha (f)	тау	[tau]
cordilheira (f)	тау тізбектері	[tau tizbekteri]
serra (f)	тау қырқасы	[tau qirqasi]

cume (m)	шың	[ʃiŋ]
pico (m)	шың	[ʃiŋ]
sopé (m)	етек	[etek]
declive (m)	бөктер	[bøkter]

vulcão (m)	жанартау	[ʒanartau]
vulcão (m) ativo	сөнбеген жанартау	[sønbegen ʒanartau]
vulcão (m) extinto	сөнген жанартау	[søngen ʒanartau]

erupção (f)	ақтарылу	[aqtarilu]
cratera (f)	кратер	[krater]
magma (m)	магма	[magma]
lava (f)	лава	[lava]
fundido (lava ~a)	қызған	[qizɣan]
desfiladeiro (m)	каньон	[kaɲʲon]

| garganta (f) | басат | [basat] |
| fenda (f) | жарық | [ʒarïq] |

passo, colo (m)	асу	[asu]
planalto (m)	үстірт	[ʉstirt]
falésia (f)	жартас	[ʒartas]
colina (f)	белес	[beles]

glaciar (m)	мұздық	[mʊzdïq]
queda (f) d'água	сарқырама	[sarqïrama]
géiser (m)	гейзер	[gejzer]
lago (m)	көл	[køl]

planície (f)	жазық	[ʒazïq]
paisagem (f)	пейзаж	[pejzaʒ]
eco (m)	жаңғырық	[ʒaŋɣïrïq]

alpinista (m)	альпинист	[alʲpïnïst]
escalador (m)	жартасқа өрмелеуші	[ʒartasqa ørmeleuʃi]
conquistar (vt)	бағындыру	[baɣïndïru]
subida, escalada (f)	шыңына шығу	[ʃïŋïna ʃïɣu]

169. Rios

rio (m)	өзен	[øzen]
fonte, nascente (f)	бұлақ	[bʊlaq]
leito (m) do rio	арна	[arna]
bacia (f)	бассейн	[bassejn]
desaguar no ...	ағып құйылу	[aɣïp qujïlu]

| afluente (m) | тармақ | [tarmaq] |
| margem (do rio) | жаға | [ʒaɣa] |

corrente (f)	ағын	[aɣïn]
rio abaixo	ағыстың ыңғайымен	[aɣïstïŋ ïŋɣajimen]
rio acima	өрге қарай	[ørge qaraj]

inundação (f)	тасқын	[tasqïn]
cheia (f)	аспа	[aspa]
transbordar (vi)	су тасу	[su tasu]
inundar (vt)	су басу	[su basu]

| banco (m) de areia | қайыр | [qajïr] |
| rápidos (m pl) | табалдырық | [tabaldïrïq] |

barragem (f)	тоған	[toɣan]
canal (m)	канал	[kanal]
reservatório (m) de água	су қоймасы	[su qojmasï]
eclusa (f)	шлюз	[ʃljuz]

corpo (m) de água	суайдын	[suajdïn]
pântano (m)	батпақ	[batpaq]
tremedal (m)	тартпа	[tartpa]
remoinho (m)	иірім	[ïirim]

arroio, regato (m)	жылға	[ʒɨlɣa]
potável	ішетін	[iʃætin]
doce (água)	тұзсыз	[tʊzsiz]

| gelo (m) | мұз | [mʊz] |
| congelar-se (vr) | мұз боп қату | [mʊz bop qatu] |

170. Floresta

| floresta (f), bosque (m) | орман | [orman] |
| florestal | орман | [orman] |

mata (f) cerrada	бытқыл	[bitqil]
arvoredo (m)	тоғай	[toɣaj]
clareira (f)	алаңқай	[alaŋqaj]

| matagal (m) | ну өсімдік | [nu øsimdik] |
| mato (m) | бұта | [bʊta] |

| vereda (f) | соқпақ | [soqpaq] |
| ravina (f) | жыра | [ʒira] |

árvore (f)	ағаш	[aɣaʃ]
folha (f)	жапырақ	[ʒapiraq]
folhagem (f)	жапырақ	[ʒapiraq]

queda (f) das folhas	жапырақтың құрап түсуі	[ʒapiraqtiŋ qurap tʉsui]
cair (vi)	қазылу	[qazɨlu]
topo (m)	ағаштың жоғарғы ұшы	[aɣaʃtiŋ ʒoɣarɣɨ ʊʃi]

ramo (m)	бұтақ	[bʊtaq]
galho (m)	бұтақ	[bʊtaq]
botão, rebento (m)	бүршік	[bʉrʃik]
agulha (f)	ине	[ine]
pinha (f)	бүршік	[bʉrʃik]

buraco (m) de árvore	қуыс	[quis]
ninho (m)	ұя	[ʊja]
toca (f)	ін	[in]

tronco (m)	дің	[diŋ]
raiz (f)	тамыр	[tamir]
casca (f) de árvore	қабық	[qabiq]
musgo (m)	мүк	[mʉk]

arrancar pela raiz	қопару	[qoparu]
cortar (vt)	шабу	[ʃabu]
desflorestar (vt)	шабу	[ʃabu]
toco, cepo (m)	томар	[tomar]

fogueira (f)	алау	[alau]
incêndio (m) florestal	өрт	[ørt]
apagar (vt)	өшіру	[øʃiru]
guarda-florestal (m)	орманшы	[ormanʃi]

proteção (f)	күзет	[kʉzet]
proteger (a natureza)	күзету	[kʉzetu]
caçador (m) furtivo	браконьер	[brakonʲer]
armadilha (f)	қақпан	[qaqpan]

colher (cogumelos, bagas)	жинау	[ʒɪnau]
perder-se (vr)	адасып кету	[adasɪp ketu]

171. Recursos naturais

recursos (m pl) naturais	табиғи қорлар	[tabɪʁɪ qorlar]
minerais (m pl)	пайдалы қазбалар	[pajdalɪ qazbalar]
depósitos (m pl)	кен	[ken]
jazida (f)	кен орны	[ken ornɪ]

extrair (vt)	кен шығару	[ken ʃɪɣaru]
extração (f)	шығару	[ʃɪɣaru]
minério (m)	кен	[ken]
mina (f)	кеніш	[keniʃ]
poço (m) de mina	шахта	[ʃahta]
mineiro (m)	көміргі	[kømirʃi]

gás (m)	газ	[gaz]
gasoduto (m)	газ құбыры	[gaz qʊbɪrɪ]

petróleo (m)	мұнай	[mʊnaj]
oleoduto (m)	мұнай құбыры	[mʊnaj qʊbɪrɪ]
poço (m) de petróleo	мұнай мұнарасы	[mʊnaj mʊnarasɪ]
torre (f) petrolífera	бұрғылау мұнарасы	[burɣɪlau munarasɪ]
petroleiro (m)	танкер	[tanker]

areia (f)	құм	[qʊm]
calcário (m)	әк тас	[æk tas]
cascalho (m)	қиыршақ тас	[qiɪrʃaq tas]
turfa (f)	торф	[torf]
argila (f)	балшық	[balʃɪq]
carvão (m)	көмір	[kømir]

ferro (m)	темір	[temir]
ouro (m)	алтын	[altɪn]
prata (f)	күміс	[kʉmis]
níquel (m)	никель	[nɪkelʲ]
cobre (m)	мыс	[mɪs]

zinco (m)	мырыш	[mɪrɪʃ]
manganês (m)	марганец	[marganets]

mercúrio (m)	сынап	[sɪnap]
chumbo (m)	қорғасын	[qorɣasɪn]

mineral (m)	минерал	[mɪneral]
cristal (m)	кристалл	[krɪstall]
mármore (m)	мәрмәр	[mærmær]
urânio (m)	уран	[uran]

A Terra. Parte 2

172. Tempo

tempo (m)	ауа райы	[awa raji]
previsão (f) do tempo	ауа райы болжамы	[awa raji bolʒami]
temperatura (f)	температура	[temperatura]
termómetro (m)	термометр	[termometr]
barómetro (m)	барометр	[barometr]
humidade (f)	ылғалдық	[ilɣaldiq]
calor (m)	ыстық	[istiq]
cálido	ыстық	[istiq]
está muito calor	ыстық	[istiq]
está calor	жылы	[ʒili]
quente	жылы	[ʒili]
está frio	суық	[suiq]
frio	суық	[suiq]
sol (m)	күн	[kʉn]
brilhar (vi)	жарық түсіру	[ʒariq tʉsiru]
de sol, ensolarado	күн	[kʉn]
nascer (vi)	көтерілу	[køterilu]
pôr-se (vr)	отыру	[otiru]
nuvem (f)	бұлт	[bʊlt]
nublado	бұлтты	[bʊltti]
nuvem (f) preta	қара бұлт	[qara bʊlt]
escuro, cinzento	бұлыңғыр	[bʊliŋɣir]
chuva (f)	жаңбыр	[ʒaŋbir]
está a chover	жаңбыр жауып тұр	[ʒaŋbir ʒawip tur]
chuvoso	жауын-шашынды	[ʒawin ʃaʃindi]
chuviscar (vi)	сіркіреу	[sirkireu]
chuva (f) torrencial	қара жаңбыр	[qara ʒaŋbir]
chuvada (f)	нөсер	[nøser]
forte (chuva)	екпінді	[ekpindi]
poça (f)	шалшық	[ʃalʃiq]
molhar-se (vr)	су өту	[su øtu]
nevoeiro (m)	тұман	[tʊman]
de nevoeiro	тұманды	[tʊmandi]
neve (f)	қар	[qar]
está a nevar	қар жауып тұр	[qar ʒawip tur]

173. Tempo extremo. Catástrofes naturais

trovoada (f)	найзағай	[najzaɣaj]
relâmpago (m)	найзағай	[najzaɣaj]
relampejar (vi)	жарқырау	[ʒarqɨrau]
trovão (m)	күн күркірéу	[kʉn kʉrkireu]
trovejar (vi)	дүрілдеу	[dʉrildeu]
está a trovejar	күн күркірейді	[kʉn kʉrkirejdi]
granizo (m)	бұршақ	[bʊrʃaq]
está a cair granizo	бұршақ жауып тұр	[bʊrʃaq ʒawip tur]
inundar (vt)	су басу	[su basu]
inundação (f)	сел жүру	[sel ʒʉru]
terremoto (m)	жер сілкіну	[ʒer silkinu]
abalo, tremor (m)	түрткі	[tʉrtki]
epicentro (m)	эпицентр	[ɛpɪtsentr]
erupção (f)	атылуы	[atɨluɨ]
lava (f)	лава	[lava]
turbilhão (m)	құйын	[qujin]
tornado (m)	торнадо	[tornado]
tufão (m)	тайфун	[tajfun]
furacão (m)	дауыл	[dawɨl]
tempestade (f)	дауыл	[dawɨl]
tsunami (m)	цунами	[tsunamɪ]
ciclone (m)	циклон	[tsɪklon]
mau tempo (m)	бұлыңғыр	[bʊlɨŋɣɨr]
incêndio (m)	өрт	[ørt]
catástrofe (f)	апат	[apat]
meteorito (m)	метеорит	[meteorɪt]
avalanche (f)	көшкін	[køʃkin]
deslizamento (m) de neve	опырылу	[opɨrɨlu]
nevasca (f)	боран	[boran]
tempestade (f) de neve	боран	[boran]

Fauna

174. Mamíferos. Predadores

predador (m)	жыртқыш	[ӡirtqiʃ]
tigre (m)	жолбарыс	[ӡolbaris]
leão (m)	арыстан	[aristan]
lobo (m)	қасқыр	[qaskir]
raposa (f)	түлкі	[tʉlki]
jaguar (m)	ягуар	[jaguar]
leopardo (m)	леопард	[leopard]
chita (f)	гепард	[gepard]
pantera (f)	бабыр	[babir]
puma (m)	пума	[puma]
leopardo-das-neves (m)	ілбіс	[ilbis]
lince (m)	сілеусін	[sileusin]
coiote (m)	койот	[kojot]
chacal (m)	шиебөрі	[ʃiebøri]
hiena (f)	гиена	[gɪena]

175. Animais selvagens

animal (m)	айуан	[ajuan]
besta (f)	аң	[aŋ]
esquilo (m)	тиін	[tɪin]
ouriço (m)	кірпі	[kirpi]
lebre (f)	қоян	[qojan]
coelho (m)	үй қояны	[ʉj qojani]
texugo (m)	борсық	[borsiq]
guaxinim (m)	жанат	[ӡanat]
hamster (m)	алақоржын	[alaqorӡin]
marmota (f)	суыр	[suir]
toupeira (f)	көртышқан	[kørtiʃqan]
rato (m)	қаптесер	[qapteser]
ratazana (f)	егеуқұйрық	[egeuqujriq]
morcego (m)	жарғанат	[ӡarɣanat]
arminho (m)	аққіс	[aqis]
zibelina (f)	бұлғын	[bʉlɣin]
marta (f)	кәмшат	[kæmʃat]
doninha (f)	аққалақ	[aqqalaq]
vison (m)	норка	[norka]

| castor (m) | құндыз | [qʊndiz] |
| lontra (f) | қамшат | [qamʃat] |

cavalo (m)	ат	[at]
alce (m)	бұлан	[bʊlan]
veado (m)	бұғы	[bʊɣi]
camelo (m)	түйе	[tʉje]

bisão (m)	бизон	[bɪzon]
auroque (m)	зубр	[zubr]
búfalo (m)	буйвол	[bujvol]

zebra (f)	зебра	[zebra]
antílope (m)	антилопа	[antɪlopa]
corça (f)	елік	[elik]
gamo (m)	кербұғы	[kerbʊɣi]
camurça (f)	серна	[serna]
javali (m)	қабан	[qaban]

baleia (f)	кит	[kɪt]
foca (f)	итбалық	[ɪtbaliq]
morsa (f)	морж	[morʒ]
urso-marinho (m)	теңіз мысық	[teŋiz misiq]
golfinho (m)	дельфин	[delʲfɪn]

urso (m)	аю	[aju]
urso (m) branco	ақ аю	[aq aju]
panda (m)	панда	[panda]

macaco (em geral)	маймыл	[majmil]
chimpanzé (m)	шимпанзе	[ʃimpanze]
orangotango (m)	орангутанг	[orangutang]
gorila (m)	горилла	[gorɪlla]
macaco (m)	макака	[makaka]
gibão (m)	гиббон	[gɪbbon]

elefante (m)	піл	[pil]
rinoceronte (m)	мүйізтұмсық	[mʉjiztʊmsiq]
girafa (f)	керік	[kerik]
hipopótamo (m)	бегемот	[begemot]

| canguru (m) | кенгуру | [kenguru] |
| coala (m) | коала | [koala] |

mangusto (m)	мангуст	[mangust]
chinchila (m)	шиншилла	[ʃinʃilla]
doninha-fedorenta (f)	скунс	[skuns]
porco-espinho (m)	жайра	[ʒajra]

176. Animais domésticos

gata (f)	мысық	[misiq]
gato (m) macho	мысық	[misiq]
cão (m)	ит	[ɪt]

cavalo (m)	ат	[at]
garanhão (m)	айғыр	[ajɣir]
égua (f)	бие	[bɪe]

vaca (f)	сиыр	[sɪir]
touro (m)	бұқа	[buqa]
boi (m)	өгіз	[øgiz]

ovelha (f)	қой	[qoj]
carneiro (m)	қошқар	[qoʃqar]
cabra (f)	ешкі	[eʃki]
bode (m)	теке	[teke]

burro (m)	есек	[esek]
mula (f)	қашыр	[qaʃir]

porco (m)	шошқа	[ʃoʃqa]
leitão (m)	торай	[toraj]
coelho (m)	үй қояны	[ʉj qojani]

galinha (f)	тауық	[tawiq]
galo (m)	әтеш	[æteʃ]

pata (f)	үйрек	[ʉjrek]
pato (macho)	кежек	[keʒek]
ganso (m)	қаз	[qaz]

peru (m)	күркетауық	[kʉrqetawiq]
perua (f)	күркетауық	[kʉrqetawiq]

animais (m pl) domésticos	үй жануарлары	[ʉj ʒanuarlari]
domesticado	қол	[qol]
domesticar (vt)	қолға үйрету	[qolɣa ʉjretu]
criar (vt)	өсіру	[øsiru]

quinta (f)	ферма	[ferma]
aves (f pl) domésticas	үй құсы	[ʉj qusi]
gado (m)	мал	[mal]
rebanho (m), manada (f)	табын	[tabin]

estábulo (m)	ат қора	[at qora]
pocilga (f)	шошқа қора	[ʃoʃqa qora]
estábulo (m)	сиыр қора	[sɪir qora]
coelheira (f)	үй қояны күркесі	[ʉj qojani kʉrqesi]
galinheiro (m)	тауық қора	[tawiq qora]

177. Cães. Raças de cães

cão (m)	ит	[ɪt]
cão pastor (m)	овчарка	[ovtʃarka]
caniche (m)	пудель	[pudelʲ]
teckel (m)	такса	[taksa]
buldogue (m)	бульдог	[bulʲdog]
boxer (m)	боксшы	[boksʃi]

mastim (m)	мастиф	[mastıf]
rottweiler (m)	ротвейлер	[rotvejler]
dobermann (m)	доберман	[doberman]

basset (m)	бассет	[basset]
pastor inglês (m)	бобтейл	[bobtejl]
dálmata (m)	далматинец	[dalmatınets]
cocker spaniel (m)	кокер-спаниель	[koker spanielʲ]

| terra-nova (m) | ньюфаундленд | [nʲufaundlend] |
| são-bernardo (m) | сенбернар | [senbernar] |

husky (m)	хаски	[haskı]
Chow-chow (m)	чау-чау	[ʧau ʧau]
spitz alemão (m)	шпиц	[ʃpıts]
carlindogue (m)	мопс	[mops]

178. Sons produzidos pelos animais

latido (m)	арсылдау	[arsildau]
latir (vi)	арсылдау	[arsildau]
miar (vi)	мияулау	[mijaulau]
ronronar (vi)	пырылдау	[pirildau]

mugir (vaca)	мөңіреу	[møŋireu]
bramir (touro)	өкіру	[økiru]
rosnar (vi)	ырылдау	[irildau]

uivo (m)	ұлу	[ʋlu]
uivar (vi)	ұлу	[ʋlu]
ganir (vi)	қыңсылау	[qiŋsilau]

balir (vi)	маңырау	[maŋirau]
grunhir (porco)	қорсылдау	[qorsildau]
guinchar (vi)	қыңсылау	[qiŋsilau]

coaxar (sapo)	бақылдау	[baqildau]
zumbir (inseto)	ызыңдау	[iziŋdau]
estridular, ziziar (vi)	шықылықтау	[ʃiqiliqtau]

179. Pássaros

pássaro (m), ave (f)	құс	[qʋs]
pombo (m)	көгершін	[køgerʃin]
pardal (m)	торғай	[torɣaj]
chapim-real (m)	сары шымшық	[sari ʃimʃiq]
pega-rabuda (f)	сауысқан	[sawisqan]

corvo (m)	құзғын	[qʋzɣin]
gralha (f) cinzenta	қарға	[qarɣa]
gralha-de-nuca-cinzenta (f)	шауқарға	[ʃauqarɣa]
gralha-calva (f)	ұзақ	[ʋzaq]

167

pato (m)	үйрек	[ujrek]
ganso (m)	қаз	[qaz]
faisão (m)	қырғауыл	[qirɣawil]

águia (f)	бүркіт	[burkit]
açor (m)	қаршыға	[qarʃiɣa]
falcão (m)	қыран	[qiran]
abutre (m)	күшіген	[kuʃigen]
condor (m)	кондор	[kondor]

cisne (m)	аққу	[aqqu]
grou (m)	тырна	[tirna]
cegonha (f)	ләйлек	[læjlek]

papagaio (m)	тоты құс	[toti qus]
beija-flor (m)	колибри	[kolɩbrɩ]
pavão (m)	тауыс	[tawis]

avestruz (m)	түйеқұс	[tujequs]
garça (f)	аққұтан	[aqqutan]
flamingo (m)	қоқиқаз	[qoqɩqaz]
pelicano (m)	бірқазан	[birqazan]
rouxinol (m)	бұлбұл	[bulbul]
andorinha (f)	қарлығаш	[qarliɣaʃ]

tordo-zornal (m)	барылдақ торғай	[barildaq torɣaj]
tordo-músico (m)	әнші шымшық	[ænʃi ʃimʃiq]
melro-preto (m)	қара барылдақ торғай	[qara barildaq torɣaj]

andorinhão (m)	стриж	[strɩʒ]
cotovia (f)	бозторғай	[boztorɣaj]
codorna (f)	бөдене	[bødene]

cuco (m)	көкек	[køkek]
coruja (f)	жапалақ	[ʒapalaq]
corujão, bufo (m)	үкі	[uki]
tetraz-grande (m)	саңырау құр	[saŋirau qur]
tetraz-lira (m)	бұлдырық	[buldiriq]
perdiz-cinzenta (f)	құр	[qur]

estorninho (m)	қараторғай	[qaratorɣaj]
canário (m)	шымшық	[ʃimʃiq]
galinha-do-mato (f)	қарабауыр	[qarabawir]
tentilhão (m)	қызыл	[qizil]
dom-fafe (m)	бозшымшық	[bozʃimʃiq]

gaivota (f)	шағала	[ʃaɣala]
albatroz (m)	альбатрос	[alʲbatros]
pinguim (m)	пингвин	[pɩngvɩn]

180. Pássaros. Canto e sons

cantar (vi)	сайрау	[sajrau]
gritar (vi)	айғайлау	[ajɣajlau]

cantar (o galo)	шақыру	[ʃaqiru]
cocorocó (m)	кукареку	[kukareku]

cacarejar (vi)	қытқылдау	[qitqildau]
crocitar (vi)	қарқылдау	[qarqildau]
grasnar (vi)	барылдап қою	[barildap qoju]
piar (vi)	шырылдау	[ʃirildau]
chilrear, gorjear (vi)	шиқылдау	[ʃiqildau]

181. Peixes. Animais marinhos

brema (f)	ақтабан	[aqtaban]
carpa (f)	тұқы	[tʊqi]
perca (f)	алабұға	[alabʊɣa]
siluro (m)	жайын	[ʒajin]
lúcio (m)	шортан	[ʃortan]

salmão (m)	лосось	[lososʲ]
esturjão (m)	бекіре	[bekire]

arenque (m)	майшабақ	[majʃabaq]
salmão (m)	ақсерке	[aqserqe]
cavala, sarda (f)	скумбрия	[skumbrɪja]
solha (f)	камбала	[kambala]

lúcio perca (m)	Көксерке	[køkserke]
bacalhau (m)	треска	[treska]

atum (m)	тунец	[tunets]
truta (f)	бахтах	[bahtah]

enguia (f)	жыланбалық	[ʒilanbaliq]
raia elétrica (f)	электр құламасы	[ɛlektr qʊlamasi]

moreia (f)	мурена	[murena]
piranha (f)	пиранья	[pɪranʲa]

tubarão (m)	акула	[akula]
golfinho (m)	дельфин	[delʲfɪn]
baleia (f)	кит	[kɪt]

caranguejo (m)	теңіз шаяны	[teŋiz ʃajani]
medusa, alforreca (f)	медуза	[meduza]
polvo (m)	сегізаяқ	[segizajaq]

estrela-do-mar (f)	теңіз жұлдызы	[teŋiz ʒʊldizi]
ouriço-do-mar (m)	теңіз кірпісі	[teŋiz kirpisi]
cavalo-marinho (m)	теңіздегі мысықтың баласы	[teŋizdegi misiqtiŋ balasi]

ostra (f)	устрица	[ustrɪtsa]
camarão (m)	асшаян	[asʃajan]
lavagante (m)	омар	[omar]
lagosta (f)	лангуст	[langust]

182. Amfíbios. Répteis

serpente, cobra (f)	жылан	[ʒilan]
venenoso	улы	[uli]
víbora (f)	улы сұр жылан	[uli sur ʒilan]
cobra-capelo, naja (f)	әбжылан	[æbʒilan]
pitão (m)	питон	[pɪton]
jiboia (f)	айдаһар	[ajdahar]
cobra-de-água (f)	сұжылан	[suʒilan]
cascavel (f)	ысылдағыш улы жылан	[isildaɣiʃ uli ʒilan]
anaconda (f)	анаконда	[anakonda]
lagarto (m)	кесіртке	[kesirtke]
iguana (f)	игуана	[ɪguana]
varano (m)	келес	[keles]
salamandra (f)	саламандра	[salamandra]
camaleão (m)	хамелеон	[hameleon]
escorpião (m)	құршаян	[qurʃajan]
tartaruga (f)	тасбақа	[tasbaqa]
rã (f)	бақа	[baqa]
sapo (m)	құрбақа	[qurbaqa]
crocodilo (m)	қолтырауын	[qoltirawin]

183. Insetos

inseto (m)	бунақдене	[bunaqdene]
borboleta (f)	көбелек	[købelek]
formiga (f)	құмырсқа	[qumirsqa]
mosca (f)	шыбын	[ʃibin]
mosquito (m)	маса	[masa]
escaravelho (m)	қоңыз	[qoŋiz]
vespa (f)	ара	[ara]
abelha (f)	балара	[balara]
mamangava (f)	ара	[ara]
moscardo (m)	бөгелек	[bøgelek]
aranha (f)	өрмекші	[ørmekʃi]
teia (f) de aranha	өрмекшінің торы	[ørmekʃiniŋ tori]
libélula (f)	инелік	[ɪnelik]
gafanhoto-do-campo (m)	шегіртке	[ʃægirtke]
traça (f)	көбелек	[købelek]
barata (f)	тарақан	[taraqan]
carraça (f)	кене	[kene]
pulga (f)	бүрге	[burge]
borrachudo (m)	шіркей	[ʃirkej]
gafanhoto (m)	шегіртке	[ʃægirtke]
caracol (m)	ұлу	[ulu]

grilo (m)	шырылдауық	[ʃirildawiq]
pirilampo (m)	жылтырауық	[ʒiltirawiq]
joaninha (f)	қызыл қоңыз	[qizil qoŋiz]
besouro (m)	зауза қоңыз	[zauza qoŋiz]

sanguessuga (f)	сүлік	[sʉlik]
lagarta (f)	қырықбуын	[qiriqbuin]
minhoca (f)	құрт	[qʊrt]
larva (f)	құрт	[qʊrt]

184. Animais. Partes do corpo

bico (m)	тұмсық	[tʊmsiq]
asas (f pl)	қанаттар	[qanattar]
pata (f)	табан	[taban]
plumagem (f)	қауырсын	[qawirsin]
pena, pluma (f)	қауырсын	[qawirsin]
crista (f)	айдар	[ajdar]

brânquias, guelras (f pl)	желбезек	[ʒelbezek]
ovas (f pl)	балтыр	[baltir]
larva (f)	балаңқұрт	[balaŋqʊrt]
barbatana (f)	жүзбеқанат	[ʒʉzbeqanat]
escama (f)	қабыршақ	[qabirʃaq]

canino (m)	азу тіс	[azu tis]
pata (f)	табан	[taban]
focinho (m)	тұмсық	[tʊmsiq]
boca (f)	аран	[aran]
cauda (f), rabo (m)	құйрық	[qʊjriq]
bigodes (m pl)	мұрт	[mʊrt]

| casco (m) | тұяқ | [tʊjaq] |
| corno (m) | мүйіз | [mʉjiz] |

carapaça (f)	бақалшақ	[baqalʃaq]
concha (f)	қабыршақ	[qabirʃaq]
casca (f) de ovo	қабық	[qabiq]

| pelo (m) | жүн | [ʒʉn] |
| pele (f), couro (m) | тері | [teri] |

185. Animais. Habitats

| hábitat | мекендеу ортасы | [mekendeu ortasi] |
| migração (f) | миграция | [migratsija] |

montanha (f)	тау	[tau]
recife (m)	риф	[rif]
falésia (f)	жартас	[ʒartas]
floresta (f)	орман	[orman]
selva (f)	қапырық жерлер	[qapiriq ʒerler]

savana (f)	саванна	[savana]
tundra (f)	тундра	[tundra]
estepe (f)	дала	[dala]
deserto (m)	шөл	[ʃøl]
oásis (m)	көгал	[køgal]
mar (m)	теңіз	[teŋiz]
lago (m)	көл	[køl]
oceano (m)	мұхит	[mʊhɪt]
pântano (m)	батпақ	[batpaq]
de água doce	тұщы сулы	[tʊçi suli]
lagoa (f)	тоған	[toɣan]
rio (m)	өзен	[øzen]
toca (f) do urso	апан	[apan]
ninho (m)	ұя	[ʊja]
buraco (m) de árvore	қуыс	[quis]
toca (f)	ін	[in]
formigueiro (m)	құмырсқа илеуі	[qʊmirsqa ilewi]

Flora

186. Árvores

árvore (f)	ағаш	[aɣaʃ]
decídua	жапырақты	[ʒapiraqti]
conífera	қылқанды	[qilqandi]
perene	мәңгі жасыл	[mæŋgi ʒasil]
macieira (f)	алма ағашы	[alma aɣaʃi]
pereira (f)	алмұрт	[almʊrt]
cerejeira (f)	қызыл шие ағашы	[qizil ʃie aɣaʃi]
ginjeira (f)	кәдімгі шие ағашы	[kædimgi ʃie aɣaʃi]
ameixeira (f)	қара өрік	[qara ørik]
bétula (f)	қайың	[qajiŋ]
carvalho (m)	емен	[emen]
tília (f)	жөке	[ʒøke]
choupo-tremedor (m)	көктерек	[køkterek]
bordo (m)	үйеңкі	[ʉjeŋki]
espruce-europeu (m)	шырша	[ʃirʃa]
pinheiro (m)	қарағай	[qaraɣaj]
alerce, lariço (m)	бал қарағай	[bal qaraɣaj]
abeto (m)	самырсын	[samirsin]
cedro (m)	балқарағай	[balqaraɣaj]
choupo, álamo (m)	терек	[terek]
tramazeira (f)	шетен	[ʃæten]
salgueiro (m)	үйеңкі	[ʉjeŋki]
amieiro (m)	қандағаш	[qandaɣaʃ]
faia (f)	шамшат	[ʃamʃat]
ulmeiro (m)	шегіршін	[ʃægirʃin]
freixo (m)	шетен	[ʃæten]
castanheiro (m)	талшын	[talʃin]
magnólia (f)	магнолия	[magnolija]
palmeira (f)	пальма	[palʲma]
cipreste (m)	сауырағаш	[sawiraɣaʃ]
mangue (m)	мангр ағашы	[mangr aɣaʃi]
embondeiro, baobá (m)	баобаб	[baobab]
eucalipto (m)	эвкалипт	[ɛvkalipt]
sequoia (f)	секвойя	[sekvoja]

187. Arbustos

arbusto (m)	бұта	[bʊta]
arbusto (m), moita (f)	бұта	[bʊta]

| videira (f) | жүзім | [ʒʉzim] |
| vinhedo (m) | жүзім егісі | [ʒʉzim egisi] |

framboeseira (f)	таңқурай	[taŋquraj]
groselheira-vermelha (f)	қызыл қарақат	[qizɨl qaraqat]
groselheira (f) espinhosa	тұшала	[tʊʃala]

acácia (f)	қараған	[qaraɣan]
bérberis (f)	зерек	[zerek]
jasmim (m)	ақгүл	[aqgʉl]

junípero (m)	арша	[arʃa]
roseira (f)	қызғылт бұта	[qizɣɨlt bʊta]
roseira (f) brava	итмұрын	[ɪtmʊrin]

188. Cogumelos

cogumelo (m)	саңырауқұлақ	[saŋirauqulaq]
cogumelo (m) comestível	жеуге жарайтын саңырауқұлақ	[ʒeuge ʒarajtin saŋirauqulaq]
cogumelo (m) venenoso	зәрлі саңырауқұлақ	[zærli saŋirauqulaq]
chapéu (m)	қалпақ	[qalpaq]
pé, caule (m)	аяқ	[ajaq]

boleto (m)	ақ саңырауқұлақ	[aq saŋirauqulaq]
boleto (m) alaranjado	саңырауқұлақ	[saŋirauqulaq]
míscaro (m) das bétulas	қоңыр саңырауқұлақ	[qoŋir saŋirauqulaq]
cantarela (f)	түлкішек	[tʉlkiʃæk]
rússula (f)	сыроежка	[siroeʒka]

morchella (f)	тыржыңқұлақ	[tirʒiŋqulaq]
agário-das-moscas (m)	шыбынжұт	[ʃibinʒʊt]
cicuta (f) verde	улы саңырау құлақ	[uli saŋirau qulaq]

189. Frutos. Bagas

fruta (f)	жеміс	[ʒemis]
frutas (f pl)	жемістер	[ʒemister]
maçã (f)	алма	[alma]
pera (f)	алмұрт	[almʊrt]
ameixa (f)	қара өрік	[qara ørik]

morango (m)	бүлдірген	[bʉldirgen]
ginja (f)	кәдімгі шие	[kædɪmgɪ ʃie]
cereja (f)	қызыл шие	[qizil ʃie]
uva (f)	жүзім	[ʒʉzim]

framboesa (f)	таңқурай	[taŋquraj]
groselha (f) preta	қарақат	[qaraqat]
groselha (f) vermelha	қызыл қарақат	[qizil qaraqat]
groselha (f) espinhosa	тұшала	[tʊʃala]
oxicoco (m)	мүк жидегі	[mʉk ʒɨdegi]

laranja (f)	апельсин	[apelʲsın]
tangerina (f)	мандарин	[mandarın]
ananás (m)	ананас	[ananas]
banana (f)	банан	[banan]
tâmara (f)	құрма	[qʊrma]

limão (m)	лимон	[lımon]
damasco (m)	өрік	[ørik]
pêssego (m)	шабдалы	[ʃabdalɪ]
kiwi (m)	киви	[kıvı]
toranja (f)	грейпфрут	[grejpfrut]

baga (f)	жидек	[ʒıdek]
bagas (f pl)	жидектер	[ʒıdekter]
arando (m) vermelho	итбүлдірген	[ıtbuldirgen]
morango-silvestre (m)	қой бүлдірген	[qoj buldirgen]
mirtilo (m)	қара жидек	[qara ʒıdek]

190. Flores. Plantas

| flor (f) | гүл | [gul] |
| ramo (m) de flores | гүл шоғы | [gul ʃoɣı] |

rosa (f)	раушан	[rauʃan]
tulipa (f)	қызғалдақ	[qizɣaldaq]
cravo (m)	қалампыр	[qalampır]
gladíolo (m)	гладиолус	[gladıolus]

centáurea (f)	гүлкекіре	[gulkekire]
campânula (f)	қоңырау	[qoŋırau]
dente-de-leão (m)	бақбақ	[baqbaq]
camomila (f)	түйметағы	[tujmetaɣı]

aloé (m)	алоэ	[aloɛ]
cato (m)	кактус	[kaktus]
fícus (m)	фикус	[fıkus]

lírio (m)	лалагүл	[lalagul]
gerânio (m)	герань	[geranʲ]
jacinto (m)	сүмбілгүл	[sumbilgul]

mimosa (f)	мимоза	[mımoza]
narciso (m)	нарцисс	[nartsıss]
capuchinha (f)	настурция	[nasturtsıja]

orquídea (f)	орхидея	[orhıdeja]
peónia (f)	пион	[pıon]
violeta (f)	шегіргүл	[ʃægirgul]

amor-perfeito (m)	сарғалдақтар	[sarɣaldaqtar]
não-me-esqueças (m)	ботакөз	[botakøz]
margarida (f)	әсел	[æsel]
papoula (f)	көкнәр	[køknær]
cânhamo (m)	сора	[sora]

hortelã (f)	жалбыз	[ʒalbiz]
lírio-do-vale (m)	меруертгүл	[meruertgʉl]
campânula-branca (f)	бәйшешек	[bæjʃeʃek]

urtiga (f)	қалақай	[qalaqaj]
azeda (f)	қымыздық	[qimizdiq]
nenúfar (m)	құмыра гүл	[qʊmira gʉl]
feto (m), samambaia (f)	қырыққұлақ	[qiriqqʊlaq]
líquen (m)	қына	[qina]

estufa (f)	жылыжай	[ʒiliʒaj]
relvado (m)	көгал	[køgal]
canteiro (m) de flores	гүлбағы	[gʉlbaɣi]

planta (f)	өсімдік	[øsimdik]
erva (f)	шөп	[ʃøp]
folha (f) de erva	бір тал шөп	[bir tal ʃøp]

folha (f)	жапырақ	[ʒapiraq]
pétala (f)	күлте	[kʉlte]
talo (m)	сабақ	[sabaq]
tubérculo (m)	түйнек	[tʉjnek]

broto, rebento (m)	өскін	[øskin]
espinho (m)	тікенек	[tikenek]

florescer (vi)	гүлдеу	[gʉldeu]
murchar (vi)	сарғаю	[sarɣaju]
cheiro (m)	иіс	[iis]
cortar (flores)	кесу	[kesu]
colher (uma flor)	үзу	[ʉzu]

191. Cereais, grãos

grão (m)	дән	[dæn]
cereais (plantas)	астық дақыл өсімдіктері	[astiq daqil øsimdikteri]
espiga (f)	масақ	[masaq]

trigo (m)	бидай	[bidaj]
centeio (m)	қара бидай	[qara bidaj]
aveia (f)	сұлы	[sʊli]

milho-miúdo (m)	тары	[tari]
cevada (f)	арпа	[arpa]

milho (m)	жүгері	[ʒʉgeri]
arroz (m)	күріш	[kʉriʃ]
trigo-sarraceno (m)	қарақұмық	[qaraqʊmiq]

ervilha (f)	бұршақ	[bʊrʃaq]
feijão (m)	бұршақ	[bʊrʃaq]
soja (f)	соя	[soja]
lentilha (f)	жасымық	[ʒasimiq]
fava (f)	ірі бұршақтар	[iri bʊrʃaqtar]

GEOGRAFIA REGIONAL

Países. Nacionalidades

192. Política. Governo. Parte 1

política (f)	саясат	[sajasat]
político	саяси	[sajası]
político (m)	саясаткер	[sajasatker]
estado (m)	мемлекет	[memleket]
cidadão (m)	азамат	[azamat]
cidadania (f)	азаматтық	[azamatiq]
brasão (m) de armas	ұлттық елтаңба	[ultiq eltaŋba]
hino (m) nacional	мемлекеттік ән-ұран	[memleketik æn uran]
governo (m)	үкімет	[ukimet]
Chefe (m) de Estado	ел басқарушысы	[el basqaruʃisi]
parlamento (m)	парламент	[parlament]
partido (m)	партия	[partıja]
capitalismo (m)	капитализм	[kapıtalızm]
capitalista	капиталистік	[kapıtalistik]
socialismo (m)	социализм	[sotsıalızm]
socialista	социалистік	[sotsialıstik]
comunismo (m)	коммунизм	[kommunızm]
comunista	коммунистік	[kommunıstik]
comunista (m)	коммунист	[kommunıst]
democracia (f)	демократия	[demokratıja]
democrata (m)	демократ	[demokrat]
democrático	демократиялық	[demokratıjaliq]
Partido (m) Democrático	демократиялық партия	[demokratıjaliq partija]
liberal (m)	либерал	[lıberal]
liberal	либералдық	[lıberaldıq]
conservador (m)	консерватор	[konservator]
conservador	консерваторлық	[konservatorlıq]
república (f)	республика	[respublıka]
republicano (m)	республикашыл	[respublıkaʃil]
Partido (m) Republicano	республикалық партия	[respublıqaliq partıja]
eleições (f pl)	сайлаулар	[sajlaular]
eleger (vt)	сайлау	[sajlau]

| eleitor (m) | сайлаушы | [sajlauʃi] |
| campanha (f) eleitoral | сайлау науқаны | [sajlau nauqani] |

votação (f)	дауыс беру	[dawis beru]
votar (vi)	дауыс беру	[dawis beru]
direito (m) de voto	дауыс беру құқығы	[dauis beru quqiɣi]

candidato (m)	кандидат	[kandıdat]
candidatar-se (vi)	дауысқа түсу	[dawisqa tusu]
campanha (f)	науқан	[nauqan]

| da oposição | оппозициялық | [oppozıʦijaliq] |
| oposição (f) | оппозиция | [oppozıʦija] |

visita (f)	сапар	[sapar]
visita (f) oficial	ресми сапар	[resmı sapar]
internacional	халықаралық	[haliqaraliq]

| negociações (f pl) | келіссөз | [kelisøz] |
| negociar (vi) | келіссөздер жүргізу | [kelisøzder ʒurgizu] |

193. Política. Governo. Parte 2

sociedade (f)	қоғам	[qoɣam]
constituição (f)	конституция	[konstıtuʦija]
poder (ir para o ~)	билік	[bılik]
corrupção (f)	жемқорлық	[ʒemqorliq]

| lei (f) | заң | [zaŋ] |
| legal | заңды | [zaŋdi] |

| justiça (f) | әділдік | [ædildik] |
| justo | әділ | [ædil] |

comité (m)	комитет	[komıtet]
projeto-lei (m)	заң жобасы	[zaŋ ʒobasi]
orçamento (m)	бюджет	[bjudʒet]
política (f)	саясат	[sajasat]
reforma (f)	реформа	[reforma]
radical	радикалдық	[radıqaldiq]

força (f)	күш	[kuʃ]
poderoso	қуатты	[quati]
partidário (m)	жақтағыш	[ʒaqtaɣiʃ]
influência (f)	ықпал	[iqpal]

regime (m)	режим	[reʒım]
conflito (m)	шиеленіс	[ʃielenis]
conspiração (f)	қастандық	[qastandiq]
provocação (f)	азғыру	[azɣiru]

derrubar (vt)	түсіру	[tusiru]
derrube (m), queda (f)	құлату	[qʊlatu]
revolução (f)	революция	[revoljuʦija]

| golpe (m) de Estado | төңкеріс | [tøŋkeris] |
| golpe (m) militar | әскери төңкеріс | [æskerı tøŋkeris] |

crise (f)	дағдарыс	[daγdaris]
recessão (f) económica	экономикалық құлдырау	[εkonomıkaliq quldirau]
manifestante (m)	демонстрант	[demonstrant]
manifestação (f)	білдіру	[bilʲdiru]
lei (f) marcial	әскери жағдай	[æskerı ӡaγdaj]
base (f) militar	база	[baza]

| estabilidade (f) | тұрақтылық | [turaqtiliq] |
| estável | тұрақты | [turaqti] |

| exploração (f) | пайдалану | [pajdalanu] |
| explorar (vt) | пайдалану | [pajdalanu] |

racismo (m)	нәсілшілдік	[næsilʃildik]
racista (m)	нәсілшіл	[næsilʃil]
fascismo (m)	фашизм	[faʃızm]
fascista (m)	фашист	[faʃıst]

194. Países. Diversos

estrangeiro (m)	шетелдік	[ʃæteldik]
estrangeiro	шетелдік	[ʃæteldik]
no estrangeiro	шетелде	[ʃætelde]

emigrante (m)	эмигрант	[εmıgrant]
emigração (f)	эмиграция	[εmıgratsıja]
emigrar (vi)	эмиграцияға кету	[εmıgratsıjaγa ketu]

Ocidente (m)	батыс	[batis]
Oriente (m)	шығыс	[ʃiγis]
Extremo Oriente (m)	қиыр шығыс	[qiir ʃiγis]

civilização (f)	өркениет	[ørkenıet]
humanidade (f)	адамзат	[adamzat]
mundo (m)	әлем	[ælem]
paz (f)	бейбітшілік	[bejbitʃilik]
mundial	әлемдік	[ælemdik]

pátria (f)	отан	[otan]
povo (m)	халық	[haliq]
população (f)	халық	[haliq]
gente (f)	адамдар	[adamdar]
nação (f)	ұлт	[ult]
geração (f)	ұрпақ	[urpaq]

território (m)	территория	[terrıtorıja]
região (f)	аймақ	[ajmaq]
estado (m)	штат	[ʃtat]

| tradição (f) | әдет-ғұрпы | [ædet γurpi] |
| costume (m) | әдет | [ædet] |

ecologia (f)	экология	[ɛkologɪja]
índio (m)	үндіс	[ʉndis]
cigano (m)	сыған	[siɣan]
cigana (f)	сыған әйел	[siɣan æjel]
cigano	сыған	[siɣan]

império (m)	империя	[ɪmperɪja]
colónia (f)	отар	[otar]
escravidão (f)	құлдық	[qʊldiq]
invasão (f)	жорық	[ʒoriq]
fome (f)	аштық	[aʃtiq]

195. Grupos religiosos mais importantes. Confissões

religião (f)	дін	[din]
religioso	діндар	[dindar]

crença (f)	діншілдік	[dinʃildik]
crer (vt)	сену	[senu]
crente (m)	діндар	[dindar]

ateísmo (m)	атеизм	[ateɪzm]
ateu (m)	атеист	[ateɪst]

cristianismo (m)	христиан діні	[hrɪstɪan dɛnɪ]
cristão (m)	христиан	[hrɪstɪan]
cristão	христиандық	[hrɪstɪandiq]

catolicismo (m)	Католицизм	[katolɪtsɪzm]
católico (m)	католик	[katolɪk]
católico	католик	[katolɪk]

protestantismo (m)	Протестанттық	[protestanttiq]
Igreja (f) Protestante	Протестант шіркеуі	[protestant ʃirkewi]
protestante (m)	протестант	[protestant]

ortodoxia (f)	Православие	[pravoslavɪe]
Igreja (f) Ortodoxa	православиелік шіркеу	[pravoslavɪelik ʃirkeu]
ortodoxo (m)	православ	[pravoslav]

presbiterianismo (m)	Пресвитериандық	[presvɪterɪandiq]
Igreja (f) Presbiteriana	Пресвитериан шіркеуі	[presvɪterɪan ʃirkewi]
presbiteriano (m)	пресвитерианин	[presvɪterɪanɪn]

Igreja (f) Luterana	Лютерандық шіркеу	[ljuterandiq ʃirqeu]
luterano (m)	лютеранин	[ljuteranɪn]

Igreja (f) Batista	Баптизм	[baptɪzm]
batista (m)	баптист	[baptɪst]

Igreja (f) Anglicana	Ағылшын шіркеуі	[aɣɪlʃin ʃirkewi]
anglicano (m)	англиканин	[anglɪkanɪn]
mormonismo (m)	Мормондық	[mormondiq]
mórmon (m)	мормон	[mormon]

| Judaísmo (m) | Иудаизм діні | [ɪudaɪzm dını] |
| judeu (m) | иудей | [ɪudej] |

| budismo (m) | Буддизм | [buddɪzm] |
| budista (m) | буддист | [buddɪst] |

| hinduísmo (m) | Индуизм | [ɪnduɪzm] |
| hindu (m) | индуист | [ɪnduɪst] |

Islão (m)	Ислам	[ɪslam]
muçulmano (m)	мұсылман	[mʊsilman]
muçulmano	мұсылман	[mʊsilman]

| Xiismo (m) | Шиизм | [ʃɪ:zm] |
| xiita (m) | шиит | [ʃɪ:t] |

| sunismo (m) | Суннизм | [sunɪzm] |
| sunita (m) | суннит | [sunɪt] |

196. Religiões. Padres

| padre (m) | дін қызметшісі | [din qizmetʃisi] |
| Papa (m) | Рим Папасы | [rɪm papasi] |

monge (m)	монах	[monah]
freira (f)	монах әйел	[monah æjel]
pastor (m)	пастор	[pastor]

abade (m)	аббат	[abbat]
vigário (m)	викарий	[vɪkarɪj]
bispo (m)	епископ	[epɪskop]
cardeal (m)	кардинал	[kardɪnal]

pregador (m)	дінге үгіттеуші	[dinge ʉgitteuʃi]
sermão (m)	ағуа	[aɣua]
paroquianos (pl)	приходтықтар	[prɪhodtiqtar]

| crente (m) | діншіл | [dinʃil] |
| ateu (m) | атеист | [ateɪst] |

197. Fé. Cristianismo. Islão

| Adão | Адам | [adam] |
| Eva | Ева | [eva] |

Deus (m)	Құдай	[qʊdaj]
Senhor (m)	Құдай	[qʊdaj]
Todo Poderoso (m)	Құдіретті	[qʊdiretti]

pecado (m)	күнә	[kʉnæ]
pecar (vi)	күнәға бату	[kʉnæɣa batu]
pecador (m)	күнәһар	[kʉnæhar]

pecadora (f)	күнаһар әйел	[kʉnahar æjel]
inferno (m)	тозақ	[tozaq]
paraíso (m)	жұмақ	[ʒʊmaq]

Jesus	Иса	[ɪsa]
Espírito (m) Santo	ақ аруақ	[aq aruaq]
Salvador (m)	Құтқарушы	[qutqaruʃɪ]
Virgem Maria (f)	құдай ана	[qʊdaj ana]

Diabo (m)	шайтан	[ʃajtan]
diabólico	шайтан	[ʃajtan]
Satanás (m)	әбілет	[æbilet]
satânico	шайтандық	[ʃajtandɪq]

anjo (m)	періште	[periʃte]
anjo (m) da guarda	періште-сақтаушы	[periʃte saqtauʃɪ]
angélico	періштедей	[periʃtedej]

apóstolo (m)	апостол	[apostol]
arcanjo (m)	періште	[periʃte]
anticristo (m)	антихрист	[antɪhrɪst]

Igreja (f)	шіркеу	[ʃirkeu]
Bíblia (f)	інжіл	[inʒil]
bíblico	інжіл	[inʒil]

Velho Testamento (m)	Көне өсиет	[køne øsɪet]
Novo Testamento (m)	Жаңа өсиет	[ʒaŋa øsɪet]
Evangelho (m)	Інжіл	[inʒil]
Sagradas Escrituras (f pl)	Қасиетті жазу	[qasɪetti ʒazu]
Céu (m)	Аспан, Аспан патшалығы	[aspan], [aspan patʃaliɣɪ]

mandamento (m)	парыз	[pariz]
profeta (m)	пайғамбар	[pajɣambar]
profecia (f)	пайғамбарлық	[pajɣambarlɪq]

Alá	Алла	[alla]
Maomé	Мұхаммед	[mʊhammed]
Corão, Alcorão (m)	Құран	[qʊran]

mesquita (f)	мешіт	[meʃit]
mulá (m)	молда	[molda]
oração (f)	дұға	[dʊɣa]
rezar, orar (vi)	дұға оқу	[dʊɣa oqu]

peregrinação (f)	қажылық	[qaʒɨlɨq]
peregrino (m)	қажы	[qaʒɪ]
Meca (f)	Мекке	[mekke]

igreja (f)	шіркеу	[ʃirkeu]
templo (m)	ғибадатхана	[ɣɪbadathana]
catedral (f)	собор	[sobor]
gótico	готикалық	[gotɪkalɪq]
sinagoga (f)	синагога	[sɪnagoga]
mesquita (f)	мешіт	[meʃit]
capela (f)	кішкентай шіркеу	[kiʃkentaj ʃirkeu]

abadia (f)	аббат тағы	[abbat tayi]
convento (m)	монастырь	[monastir']
mosteiro (m)	монастырь	[monastir']

sino (m)	қоңырау	[qoŋirau]
campanário (m)	қоңыраухана	[qoŋirauhana]
repicar (vi)	соғу	[soɣu]

cruz (f)	крест	[krest]
cúpula (f)	күмбез	[kʉmbez]
ícone (m)	икон	[ıkon]

alma (f)	жан	[ʒan]
destino (m)	тағдыр	[taɣdir]
mal (m)	жамандық	[ʒamandiq]
bem (m)	жақсылық	[ʒaqsiłiq]

vampiro (m)	қаніпер	[qaniʃær]
bruxa (f)	мыстан	[mistan]
demónio (m)	әзәзіл	[æzæzil]
espírito (m)	рух	[ruh]

| redenção (f) | өтеу | [øteu] |
| redimir (vt) | өтеу | [øteu] |

missa (f)	намаз оқу	[namaz oqu]
celebrar a missa	намаз оқу	[namaz oqu]
confissão (f)	тәубе	[tæube]
confessar-se (vr)	тәубе жасау	[tæube ʒasau]

santo (m)	әулие	[æulıe]
sagrado	әулие	[æulıe]
água (f) benta	қасиетті су	[qasıetti su]

ritual (m)	салт	[salt]
ritual	салтты	[saltti]
sacrifício (m)	құрбандық шалу	[qʊrbandiq ʃalu]

superstição (f)	ырым	[irim]
supersticioso	ырымшыл	[irimʃil]
vida (f) depois da morte	о дүниелік өмір	[o dʉnıelik ømir]
vida (f) eterna	мәңгілік өмір	[mæŋgilik ømir]

TEMAS DIVERSOS

198. Várias palavras úteis

ajuda (f)	көмек	[kømek]
barreira (f)	тосқауыл	[tosqawïl]
base (f)	негіз	[negiz]
categoria (f)	дәреже	[dæreʒe]
causa (f)	себеп	[sebep]
coincidência (f)	түйісу	[tüjisu]
coisa (f)	зат	[zat]
começo (m)	бастама	[bastama]
cómodo (ex. poltrona ~a)	ыңғайлы	[iŋɣajli]
comparação (f)	салыстыру	[salistiru]
compensação (f)	қарымақы	[qarimaqi]
crescimento (m)	даму	[damu]
desenvolvimento (m)	даму	[damu]
diferença (f)	айырмашылық	[ajirmaʃïliq]
efeito (m)	әсер	[æser]
elemento (m)	элемент	[ɛlement]
equilíbrio (m)	баланс	[balans]
erro (m)	қате	[qate]
esforço (m)	күш салу	[küʃ salu]
estilo (m)	стиль	[stïlʲ]
exemplo (m)	мысал	[misal]
facto (m)	дерек	[derek]
fim (m)	соңы	[soŋi]
forma (f)	пішін	[piʃin]
frequente	жиі	[ʒïi]
fundo (ex. ~ verde)	фон	[fon]
género (tipo)	түр	[tür]
grau (m)	дәреже	[dæreʒe]
ideal (m)	мұрат	[murat]
labirinto (m)	лабиринт	[labïrïnt]
modo (m)	амал	[amal]
momento (m)	сәт	[sæt]
objeto (m)	объект	[ob'ekt]
obstáculo (m)	бөгет	[bøget]
original (m)	төлнұсқа	[tølnusqa]
padrão	стандартты	[standartti]
padrão (m)	стандарт	[standart]
paragem (pausa)	тоқталу	[toqtalu]
parte (f)	бөлшек	[bølʃæk]

partícula (f)	бөлшек	[bølʃæk]
pausa (f)	үзіліс	[ʉzilis]
posição (f)	позиция	[pozɪtsɪja]
princípio (m)	принцип	[prɪntsɪp]
problema (m)	мәселе	[mæsele]
processo (m)	үдеріс	[ʉderis]
progresso (m)	жақсарыс	[ʒaqsaris]
propriedade (f)	қасиет	[qasɪet]
reação (f)	реакция	[reaktsɪja]
risco (m)	тәуекел	[tæwekel]
ritmo (m)	қарқын	[qarqɪn]
segredo (m)	жасырын сыр, құпия	[ʒasɪrin sir], [qʊpɪja]
série (f)	серия	[serɪja]
sistema (m)	жүйе	[ʒʉje]
situação (f)	жағдай	[ʒaɣdaj]
solução (f)	шешуі	[ʃæʃui]
tabela (f)	кесте	[keste]
termo (ex. ~ técnico)	термин	[termɪn]
tipo (m)	түр	[tʉr]
urgente	жедел	[ʒedel]
urgentemente	дереу	[dereu]
utilidade (f)	пайда	[pajda]
variante (f)	вариант	[varɪant]
variedade (f)	таңдау	[taŋdau]
verdade (f)	ақиқат	[aqɪqat]
vez (f)	кезек	[kezek]
zona (f)	аймақ	[ajmaq]

www.ingramcontent.com/pod-product-compliance
Lightning Source LLC
LaVergne TN
LVHW051342080426
835509LV00020BA/3263